U0143078

研究生教育管理系列专著

王战军 总主编

数智时代
研究生教育发展预测

Prediction of Graduate Education
Development in the Digital Intelligence Era

关　磊◎著

国家自然科学基金重点项目"'互联网+'时代研究生教育管理变革与创新研究"成果

科学出版社

北京

内 容 简 介

本书是一部在数智时代背景下探索研究生教育发展预测的学术专著。全书共九章，从回顾人类社会预测活动和教育发展预测的历史切入，总结归纳了数智时代研究生教育发展预测的多源多层次数据特征，提出了多方法融合预测的数智时代研究生教育发展预测新思路、新手段，并通过多个实际案例验证了新的研究体系的可行性与合理性。本书的研究工作能够为数智时代的研究生教育发展预测提供新的思路和视角，希冀为更加科学的教育决策贡献一份力量。

本书应用管理学领域的研究思想与方法解决教育领域的预测问题，既有理论探索，也有实际案例，可以作为国内外教育科学领域研究人员的参考书，也可以供广大学位与研究生教育管理干部阅读参考。

图书在版编目（CIP）数据

数智时代研究生教育发展预测 / 关磊著. —北京：科学出版社，2024.6
（研究生教育管理系列专著 / 王战军总主编）
ISBN 978-7-03-077259-6

Ⅰ. ①数… Ⅱ. ①关… Ⅲ. ①研究生教育 Ⅳ. ①G643

中国国家版本馆 CIP 数据核字（2023）第 247654 号

责任编辑：徐　倩 / 责任校对：姜丽策
责任印制：张　伟 / 封面设计：有道设计

科 学 出 版 社 出版
北京东黄城根北街 16 号
邮政编码：100717
http://www.sciencep.com
北京建宏印刷有限公司印刷
科学出版社发行　各地新华书店经销
*
2024 年 6 月第　一　版　　开本：720 × 1000　1/16
2024 年 6 月第一次印刷　　印张：11 3/4
字数：260 000
定价：156.00 元
（如有印装质量问题，我社负责调换）

Abstract

This book is an academic monograph investigating the prediction of graduate education development in the digital intelligence era, which consists of nine chapters. Starting from reviewing the history of human social prediction activities and education development prediction, this book summarizes the multi-source and multi-level data characteristics, proposes a new methodology to integrate multiple methods for predicting the graduate education development in the digital intelligence era, and verifies the feasibility and rationality of the new research system through multiple practical cases. The research in this book can provide new ideas and perspectives for predicting the graduate education development in the era of digital intelligence, hoping to contribute to the educational decision-making.

This book applies ideas and methods in the field of management to solve prediction problems in the field of education. The content of this book includes both theoretical exploration and practical cases. This book can serve as a reference book for researchers in the field of education science at home and abroad, as well as for academic and graduate education managers to read and reference.

"研究生教育管理系列专著"编委会

"研究生教育管理系列专著"序

管理科学是数学、社会科学与经济学等学科相互渗透并在它们的边缘上发展起来的新学科，它既有理工学科的属性，也有社会学科的属性。管理作为一门正在蓬勃发展的学科，为各行各业带来了生机和推动力。从中华人民共和国成立伊始的百废待兴，到研究生规模位居世界前列，我国研究生教育走过了从小到大、从弱到强的不平凡历程，造就了一大批具有国际水平的战略科技人才、科技领军人才、青年科技人才和高层次人才，为实施创新驱动发展战略和建设世界重要人才中心与创新高地奠定了重要基石。

截至 2022 年，我国研究生教育在学规模已经达到 365 万多人，研究生培养单位达到 820 余个，学位授权点超过 10 000 个，成为名副其实的世界研究生教育大国。庞大的研究生教育体系，复杂的多层级、多部门、多样化管理需要现代管理科学的指导，还需要数字化、智能化信息技术的支撑。

随着我国实施学位制度、研究生教育规模逐渐扩大，研究生教育管理越来越成为管理科学研究的一个重要领域，研究生教育管理实践问题也越来越突出。例如，我国博士学位授权布局调整如何满足社会发展和人的发展需求？如何构建国家研究生教育管理组织机构体系？如何优化配置博士生招生指标？如何做好研究生教育发展预测与规划？如何重塑学位与研究生教育评估体系？等等。尤其是进入"互联网+"时代之后，不断更新迭代的信息技术驱动着研究生教育管理从经验驱动的传统决策模式，向数据驱动的科学决策模式转型，并塑造"互联网+"时代以人际互动、资源共享、知识跨界为特征的研究生教育管理的新形态。

我本人和团队长期关注、研究"学位与研究生教育管理与变革"，积累了系列研究成果，在此基础上申请了国家自然科学基金重点项目，获得国家自然科学基金委员会管理学部批准立项，项目名称为"'互联网+'时代研究生教育管理变革与创新研究"（项目编号：71834001）。

这个重点项目开展研究五年来，在"互联网+""大数据""人工智能"等新理论、新技术的驱动下，项目组组织了北京理工大学、清华大学、教育部学位与研究生教育发展中心、剑桥大学、加利福尼亚大学等高校和机构的教育学、管理学、计算机科学方向的国内外专家学者，针对研究生教育管理中存在的资源分配经验导向"一阵风"、绩效评价结果导向"一把尺"、调整方式行政导向"一刀切"等突出问题,聚焦"互联网+"时代"人-物-知识"融合的研究生教育资源形态、学校形态变革,研究生教育的课程、教学和评价等方式变革,以及研究生教育的管理创新等问题。通过创新研究生教育管理理论体系,建立数据驱动的研究生教育管理科学范式;基于研究生教育大数据,提出研究生教育资源配置的常态监测技术和动态调整方法,建立"能进能出""能增能减""能上能下"的资源配置与评价的科学模式;建立融合多源异构海量数据的研究生管理决策大数据分析平台,为我国"双一流"建设、研究生教育管理组织变革、博士学位授权审核、研究生教育发展预测与规划、研究生教育知识管理等管理问题提供理论依据、决策模式、评估范式。前期研究已经在《高等教育研究》《中国高等教育》《中国高教研究》《清华大学教育研究》《学位与研究生教育》等重要期刊上发表了80多篇高水平学术论文,其中7篇被《新华文摘》全文转载和摘编,申请国家发明专利2项,提交研究和政策咨询报告8份,其中一份得到了中央主要领导批示,研制的"'双一流'建设监测指标体系"被教育部采纳,等等。

在此基础上,围绕"研究生教育管理",我组织项目组成员撰写"研究生教育管理系列专著"。系列专著聚焦"互联网+"的时代背景,突出数智赋能研究生教育管理,以管理科学、教育科学、信息科学为理论基础,撰写了《变革与创新:数智时代研究生教育管理》《研究生教育大数据采集与处理》《研究生教育资源配置理论与模型》《数智时代研究生教育发展预测》《数智时代学科监测评估理论与方法》等五部专著。

本系列专著的撰写是开创性的,填补了管理科学研究领域的空白,也是研究生教育管理学的第一套系列专著。因此,在撰写过程中,没有可借鉴的经验,在一大批跨学科领域专家指导下,项目组成员潜心研究、反复研讨,有时候争论得面红耳赤,不同学科知识碰撞,产生了一系列火花。感谢中国学位与研究生教育学会会长杨卫院士,教育部原副部长赵沁平院士,四川大学原校长谢和平院士,中国高等教育学会原会长瞿振元教授,西北工业大学原党委书记张炜研究员,清华大学长江学者石中英教授,中国人民大学长江学者周光礼教授,北京师范大学长江学者刘宝存教授、周海涛教授,中国学位与研究生教育学会张淑林副会长、丁雪梅副会长,北京大学陈洪捷教授,中国教育科学研究院原副院长马陆亭研究员,北京外国语大学秦惠民教授,中国高等教育学会原副秘书长王小梅研究员,特别感谢境外的英国巴斯大学的 Catherine Montgomery 教授、英国剑桥大学的 Susan Robertson 教授、加拿大西安大略大学的李军教授、美国加利福尼亚大学的常桐善教授等专家学者的指导,还要感谢国务院学位委员会办公室的有关领导,感谢国家自然科学基金委员会管理学部的资助、指导,感谢科学出版社经管分社社长马跃先生,他从策划到撰写、出版全程给予指导、帮助，感谢项目组全体成员，是你们的付出成就了这套系列专著，开创了管理科学研究的新领域，开创了研究生教育学的新领域。我要感谢的人太多了，一定是挂一漏万，希望得到你们和读者的批评指正。

期待这套系列专著能丰富我国管理科学理论，丰富研究生教育学理论，为我国建设研究生教育强国，支撑世界重要人才中心和创新高地做出贡献。

2023 年夏

Preface

Management science is a new discipline which grows through the interaction of mathematics, social science and economics. Therefore, it is of both science & technology attributes and social science attributes. As a booming discipline, management science has brought vitality and impetus to all walks of life. China graduate education started from scratch at the founding of the People's Republic of China, and now the student number ranked among the top in the world. It has gone through an extraordinary course from the small to the large, from the weak to the strong, and has produced a large number of strategic scientific and technological talents with international standards, scientific and technological leaders, young scientific and technological talents and high-level talents. It has laid an important cornerstone for implementing the strategy of innovation-driven development and building an important talent center and innovation highland in the world.

By 2022, China's graduate education has reached more than 3.65 million students. There are more than 820 graduate training institutes, and more than 10,000 degree awarding disciplines, which makes China a veritable major graduate education power in the world. The huge graduate education system, complex multi-level, multi-department, diversified management needs not only the guidance of modern management science, but also the support of digital and intelligent information technology.

With the implementation of the degree system in China, the scale of graduate education has gradually expanded, and it has become an important field of management science research. The practical issues of graduate education management are becoming more and more prominent. For example, how to adjust China's doctoral degree awarding institutes and disciplines layout to meet the needs of social development and human development? How to construct the national graduate education management organization system? How to optimize the allocation of doctoral enrollment? How to forecast and plan the development of postgraduate education? How to reshape the degree and graduate education evaluation system? And so forth. In particular, entering the "Internet +" era, the constantly updated and iterative information technology drives the transformation of graduate education management from the traditional decision mode-driven by experience, to the data-driven scientific decision mode, and meanwhile shapes the new form of graduate education management characterized by interpersonal interaction, resource sharing and cross-border knowledge.

My team and I have paid attention to and studied "Degree and Graduate Education Management and Transformation" for a long time, and accumulated a series of research results. On this basis, I applied for a key project of National Natural Science Foundation of China, and "Research on Graduate Education Management Transformation and Innovation in the 'Internet +' Era" (No.71834001) was approved by the Department of Management of the National Natural Science Foundation of China.

In the past five years, with new theories and technologies such as "Internet +", "big data" and "artificial intelligence", my team has organized experts and scholars of education, management and computer sciences from universities and institutions such as Beijing Institute of Technology, Tsinghua University, China Academic Degrees and Graduate Education Development Center, University of Cambridge and University of California. In view of the outstanding problems existing in the management of graduate education, such as the experience-based resource allocation, the result-based performance evaluation, and the administration-based adjustment mode, my team focuses on the graduate education resource form of "people-property-knowledge", university form transformation, the curriculum, teaching and evaluation transformation of graduate education, the management innovation of graduate education and so on in the era of "Internet+". By innovating graduate education management theory system, establishing data-driven graduate education management science paradigm, putting forward the normal monitoring technology and dynamic adjustment method of graduate education resource allocation based on the big data of graduate education, establishing the scientific model of resource allocation and evaluation in terms of "either enter or leave", "either increase or decrease", "either add or cancel", establishing a big data analysis platform for graduate management decision-making that integrates multi-source heterogeneous mass data, my team aims to provide theoretical basis, decision-making model and evaluation paradigm for China "double first-class" construction, graduate education management organization reform, doctoral degree awarding assessment, graduate education development prediction and planning, graduate education knowledge management and other management issues. The preliminary research has published more than 80 academic papers in important journals such as *Journal of Higher Education, China Higher Education, China Higher Education Research, Tsinghua Journal of Education, Academic Degrees & Graduate Education*, among which 7 papers have been reprinted and edited in full by *Xinhua Digest*, 2 national invention patents have been applied for, and 8 research and policy advisory reports have been submitted, one of which has been instructed by the central leadership, and "The 'Double First-Class' Construction Monitoring Indicator System" has been adopted by the Ministry of Education, and so on.

On this basis, focusing on "Graduate Education Management", I organized project members to write a series of monographs on graduate education management. These monographs focus on the "Internet +" era, highlight the education management of graduate students empowered by digital intelligence, and based on the theories of management science, education science and information science. We composed *Transformation and Innovation: Graduate Education Management in the Digital Intelligence Era, Big Data Acquisition and Processing in Graduate Education, Theory and Model of Resource Allocation in Graduate Education, Prediction of Graduate Education Development in the Digital Intelligence Era, The Theory and Method of Discipline Monitoring Evaluation in the Digital Intelligence Era* and other monographs.

The series of monographs is pioneering, filling the gap in the field of management science research, and is also the first series of monographs in graduate education management. Therefore, in the process of writing, there was no experience for reference. Under the guidance of many interdisciplinary experts, my team members devoted themselves to research and repeated discussions, and sometimes argued red-faced, and capitalized on the knowledge of different disciplines, generating a series of sparks. I am particularly grateful to Yang Wei, president of Association of Chinese Graduate Education and a member of the Chinese Academy of Sciences, Zhao Qinping, former Vice Minister of the Ministry of Education of the People's Republic of China and a member of the Chinese Academy of Engineering, Xie Heping, former president of Sichuan University and a member of the Chinese Academy of Engineering, Professor Qu Zhenyuan, former president of the China Association of Higher Education, Researcher Zhang Wei, former Party secretary of Northwestern Polytechnical University, Professor Shi Zhongying, a Changjiang Scholar at Tsinghua University, Professor Zhou Guangli, a Changjiang Scholar at Renmin University of China, Professor Liu Baocun, a Changjiang Scholar at Beijing Normal University, and Professor Zhou Haitao, vice president Zhang Shulin and vice president Ding Xuemei of

Association of Chinese Graduate Education, Professor Chen Hongjie of Peking University, Researcher Ma Luting, former vice president of China National Academy of Educational Sciences, Professor Qin Huimin of Beijing Foreign Studies University, and former deputy secretary general of the China Association of Higher Education, Wang Xiaomei. I also want to extend thanks to Professor Catherine Montgomery from the University of Bath, Professor Susan Robertson from the University of Cambridge, Professor Li Jun from the University of Western Ontario, Professor Chang Tongshan from the University of California and other experts and scholars abroad for their guidance. I would also like to thank the relevant leadership of the Office of Academic Degrees Committee of the State Council, the funding and guidance of the Department of Management of the National Natural Science Foundation of China, President Ma Yue of the sub-branch of Science Press for his guidance and help from planning to writing and publishing, and all the project team members, who have made this series of monographs a success and created a new field of management science research. It has created a new field of graduate education. There are so many people to thank that I may be missing some, and I hope to get readers' feedback or suggestions.

It is expected that this series of monographs can enrich China's Management Science Theory, enrich the Graduate Pedagogy Theory, and contribute to China's construction of a graduate education power, supporting the world's important talent center and innovation highland.

Summer 2023

前　言

进入 21 世纪，信息技术日新月异。从"桌面互联网"到"移动互联网"，从"云计算"到"大模型"，这些新兴信息技术极大改变了人类社会的运行方式和决策手段。人类社会中的商业活动可能是最先受到新兴信息技术影响而发生改变的。渐渐地，其他领域也进入到变革的大潮当中。高校中的教师和研究人员通常是最先接触新兴信息技术的一批人，但是，教育管理、教与学环节的信息化进程略有滞后，而教育决策也没有充分利用信息技术的成果。在相当长的一段时间里，国内的教育决策仍然是偏经验性的，对于数据的利用、信息技术的利用并不充分。这也是国家自然科学基金重点项目"'互联网＋'时代研究生教育管理变革与创新研究"的重要研究动机之一。

本书的研究工作围绕研究生教育中的一个具体领域展开，主要讨论研究生教育发展预测问题。在教育领域，教育发展预测并不是一个新的研究对象。只是在诸多研究工作中，对数据的利用、对新兴预测方法的使用尚不充分。

数智时代的一个重要特点是，数据的来源和数据的层次更加丰富，数据获取的难度也比以往有所降低。因此，在研究生教育发展预测中，有了更多的可能性获得以往难以涉及的数据，也就使得之前难以深入研究或者根本无法研究的问题有了开展研究的契机。

在另外一个层面，管理科学领域和计算机科学领域，近些年来新的预测思想、预测方法不断出现。一些相对成熟的研究方法能够比较直接地迁移到研究生教育发展预测研究中。这也就为本书开展一些新的尝试奠定了基础。

本书的研究就是针对已有的研究在数据和方法层面的不足进行了一些新的尝试。通过团队的研究工作，提出了数智时代开展研究生教育发展预测的基本框架体系，分别从数据和预测方法两个层面进行了系统阐述，并通过四个具体的案例来说明该体系的可行性与合理性。具体来看，本书的主要贡献如下。

在理论层面，本书构建的研究生教育发展预测体系包括两块内容：一是对数智时代研究生教育发展预测中涉及的数据的系统梳理，指出使用多源多层次数据是开展预测工作的必然选择；二是讨论了研究生教育发展预测的各种常用方法，提供了多方法融合的思路和具体手段。

在实践层面，本书则通过两类问题的四个案例来对提出的框架体系进行验证。通过综合应用机器学习预测方法、时间序列预测方法，并辅助以情景规划和文本分析工具，本书预测了中国高校建成世界一流大学的数量和高校建设世界一流大学的成效，给出了有建设性的预测结果；类似地，结合时间序列预测方法、机器学习预测方法、情景规划工具，本书还对全国、代表性省份以及代表性高校的博士研究生招生规模进行了预测。这些实证研究有力地说明了本书提出的预测框架体系能够有效解决数智时代的研究生教育发展预测问题。

技术进步如同一股洪流，始终在推动着人类社会的深刻变革。在数智时代的信息技术浪潮之下，本书在研究生教育发展预测研究方面做了一些新的尝试。这些尝试丰富了我们对研究生教育发展预测的理解，凝练出了一些数智时代的预测思想。同时，通过引入一些新的预测手段，提升了研究生教育发展预测的准确性与科学性。希望本书能够起到抛砖引玉的作用，激发更多的思考和研究，为研究生教育发展预测研究提供更多新的思路和方法。此外，也期待这些研究成果能够为提升研究生教育管理决策的科学性和精准性提供一些有价值的借鉴。

Foreword

After entering the 21st century, information technology is changing rapidly. From "desktop Internet" to "mobile Internet", from "cloud computing" to "large models", these emerging information technologies have greatly changed the operation and decision-making methods of human society. Commercial activities in human society may be the first part to be affected and changed by these emerging technologies. Gradually, other fields have also entered the wave of transformation. Faculty members and researchers in universities should be the first group to encounter emerging information technologies, but the process of information technology application in educational management, teaching and learning is slightly behind, while educational decision-making has not fully utilized the achievements of information technology. For a period, educational decision-making in China has remained predominantly experienced, with insufficient utilization of data and information technology. This is one of the important research motivations for the key project of National Natural Science Foundation of China "Research on Graduate Education Management Transformation and Innovation in the 'Internet + ' Era".

The research of this book focuses on a specific area in graduate education, mainly discussing the prediction of graduate education development. In the field of education, educational development prediction is not a new research topic. However, in much research, the utilization of data and new prediction methods is not sufficient.

An important feature of the digital intelligence era is that the sources and levels of data are richer, and the difficulty of data collection has decreased compared to the past. Therefore, in the prediction of graduate education development, there are more possibilities to obtain data that was previously difficult to collect, which provides opportunities to conduct in-depth research or research that was previously impossible.

On another level, in the field of management science and computer science, new prediction ideas and methods have emerged in recent years. Some comparatively mature research methods can be directly migrated to the prediction of graduate education development. This has laid the foundation for this book to carry out some new attempts.

The research in this book focuses on addressing the shortcomings in data and methodologies in existing research. Through the research of our team, a basic framework for predicting graduate education development in the digital intelligence era has been proposed, which includes two aspects: data and prediction methods. The framework is systematically elaborated from two perspectives, and four specific cases are used to illustrate the feasibility and rationality of the framework. Specifically, the main contributions of this book are as follows.

At the theoretical level, this book constructs a prediction framework of graduate education development that includes two parts. First, a systematic review of the data involved in predicting graduate education development in the digital intelligence era points out that using multi-source and multi-level data is an inevitable choice for carrying out the prediction. Second, various commonly used methods for predicting graduate education development are discussed, providing ideas and specific means for integrating multiple methods.

At the practical level, this book verifies the proposed framework through four cases within two categories of problems. Through the application of machine learning prediction methods, time series prediction methods, and assisted by scenario planning and text analysis tools, this book predicts the number of Chinese universities that have built world-class universities and the effectiveness of university construction, which constitutes meaningful forecasting conclusions. Similarly, combined with time series prediction methods, machine learning prediction methods, and scenario planning tools, this book also predicts the enrollment scale of doctoral students in universities at the levels of the nation, representative provinces, and representative universities. These empirical studies strongly illustrate that the predicted framework proposed in this book can effectively solve the problem of predicting graduate education development in the digital intelligence era.

Technological progress is like a torrent that is constantly driving profound changes in human society. In the information technology wave of digital intelligence era, this book has made some new attempts in predicting graduate education development. These attempts have enriched our understanding of graduate education development prediction and abstracted some prediction thoughts of digital intelligence era. At the same time, by introducing some new prediction methods, it has also improved the accuracy and scientificity of graduate education development prediction. We hope that this book can act as a starting point to stimulate more thinking and research to provide more new ideas and methods for graduate education development prediction. Further, we also look forward to these research results providing valuable reference for improving the scientificity and precision of graduate education management decision-making.

目　　录

Contents

第1章 绪论：数智时代的研究生教育发展预测

教育是国计民生中最为重要的组成部分之一。在党的二十大报告中，第一次将"教育""科技""人才"三方面内容单独列为一部分，说明党和国家对这三方面工作的高度重视。其中，教育可以说是科技、人才工作的基本支撑。教育领域工作的成败关乎未来国家发展的前途命运。

在我国目前的治理体系下，很多重要的教育政策和决策是以集体决策的方式制定的。然后，各个层级的教育主管部门及各类学校再根据中央制定的教育政策及决策进行进一步的决策或者开展具体工作。因此，在从上到下的决策过程中，教育决策的质量对教育的成效有着直接的影响。

在各类教育决策中，教育资源配置是一类非常重要的决策。如何有效地将教育资源进行合理的配置，以最大化相应的教育产出，是不同层面的教育决策者都必然面临的问题。然而预测是教育资源配置决策的重要输入，预测的效果将在很大程度上影响资源配置的效果，可以说是"牵一发而动全身"。

传统的教育资源配置决策，更多地依靠教育决策者的经验来进行判断，也就是基于其对资源配置问题的主观认识来做出决策，定量预测手段不发挥主要作用。在资源相对有限且投入产出关系比较简单的前提下，这种决策方式的效果是可以接受的。但是，随着我国综合国力的不断提升，国家对教育的投入随之增加，教育产出的评价维度越发丰富。所以，预测的影响更加重要，传统决策方法的局限性逐渐体现。因此，在新的数智时代背景下，偏向于定量分析的教育资源配置决策必然将得到越来越多的重视，而利用多源多层次数据、多方法融合的教育发展预测，将为合理、有效的教育资源配置决策提供重要支撑。

本章作为全书的开篇，将首先回顾信息技术的变革历程，讨论其对教育领域的影响。其次，我们将介绍本书探讨的研究生教育发展预测的主要研究对象。再次，将讨论在数智时代背景下，开展研究生教育发展预测的新要求。最后，我们将简要介绍本书的主要内容和结构。

1.1 信息技术的变革及其对教育的影响

信息技术的出现，不仅极大地改变了人类社会的工作和生活方式，也对教育手段和教育管理产生了直接的影响。回顾信息技术的发展过程并探讨其对教育的影响，可以帮助我们更好地理解数智时代背景下进行研究生教育发展预测的意义和挑战。

1.1.1　信息技术变革的历史进程

如果将第一台通用电子计算机（后文简称为计算机）的出现①作为人类社会信息技术发展进程的起点，那么，我们可以将信息技术的发展进程划分为以下几个阶段。

1. 前互联网时代（1946 年至 20 世纪 80 年代）

在计算机刚刚出现时，其主要的作用是进行各种数学计算（如对原子弹爆炸的模拟、求解运筹学问题等）。因此，计算机的使用范围主要限于高等学校和科研机构，使用目的自然是替代人力进行复杂的数学计算。可以说，诞生之初的计算机很好地完成了这项任务。

之后，人们才逐渐意识到除了进行数学计算，计算机更加重要的一个用途在于能够帮助人们整理各种信息并进行有效的检索（李恪，2021）。当然，从计算机领域的先驱者建立这一认识，到计算机系统实现这一功能，中间经历了一个较为漫长的历程。但应该说，这一认识上的进步，才真正奠定了计算机或者说信息技术改善人类社会运转方式的基础。自此之后，计算机的用途不断扩展，在信息存储和检索领域的应用甚至超过了单纯的计算功能。

更加重要的是，在这一阶段当中，计算机中央处理器（central processing unit，CPU）的性能不断提升，而成本不断下降。伴随着用途的不断丰富，计算机的使用范围从高校和科研机构进入了大型企业（出现了商用机的概念），并最终在 20世纪 80 年代进入了部分家庭，被个人使用（出现了个人电脑的概念，就是所谓的personal computer，即 PC）。

尽管在这一阶段，信息技术领域已有一些对多台计算机之间进行联网的研究，但由于其尚未被社会大众和商业领域广泛采纳，所以我们将这一阶段作为"前互联网时代"。作为信息技术发展的早期阶段，计算机系统性能的显著提升和用途的逐步开发为后来信息技术对人类社会的广泛影响奠定了坚实的基础。

2. 桌面互联网时代（20 世纪 90 年代至 2003 年）

在这里，我们将信息技术发展的第二个阶段称为"桌面互联网时代"。相对于前互联网时代，这一阶段最重要的特征是互联网在全球范围得到了快速而广泛的发展。

---

① 通常认为，世界上的第一台计算机在 1946 年由美国宾夕法尼亚大学开发。

早在 20 世纪 60 年代，美国国防部高级研究计划局（Defense Advanced Research Projects Agency，DARPA）就开始了早期的计算机互联网络的研究，并建立了 ARPAnet。随后，一些高校、研究机构甚至企业，都参与到了相关的研究中。我们现在提到的所谓"互联网"（Internet），实际上在 20 世纪 70 年代就出现了。到了 20 世纪 80 年代，法国 Telecom 公司在法国全境部署了 Minitel 网络。可以说，Minitel 是第一个在大范围实现商用的互连网络。只不过，法国公司的这次尝试有些过于超前了，由于各种原因，Minitel 成了互联网发展历程中的"昙花一现"（冯翔，2023）。

我们认为，真正的桌面互联网时代到来的标志是 20 世纪 90 年代初万维网（world wide web）的出现。自此开始，越来越多的国家接入一般意义上的互联网，越来越多的企业开始建设网站，越来越多的个人开始使用互联网服务。

在这段时间里，发生了很多信息技术发展历程中的标志性事件。例如，1995 年，亚马逊（Amazon）网站正式上线。从此开始，全球社会延续了数百年的购物方式被亚马逊逐渐改变。国内的诸多知名 IT 企业也大多是在这一阶段成立的。例如，腾讯是 1998 年 11 月由马化腾等五位创始人创立的，而阿里巴巴则是 1999 年由马云等人在杭州创立的。

随着以亚马逊为代表的互联网电子商务迅速发展，大量热钱涌入美国互联网行业，相关的上市公司股价大幅飙升。然而，在当时，互联网用户的发展远未达到能够支撑这些企业估值的程度，互联网行业存在着巨大的虚假繁荣。就像 17 世纪欧洲的郁金香热一样，从 2000 年到 2001 年，美国的互联网行业经历了从顶峰到泡沫破裂的全过程。大量热钱退出互联网行业，而幸存下来的 IT 企业都成了后来的行业翘楚（如亚马逊）。

国内互联网的发展与国外相比存在着一定的时滞。但正如前文所指出的，很多知名的中国 IT 企业都是在这个阶段创立的，而且国内的互联网用户在 2000 年之后也出现了明显的增长。经历了互联网泡沫的破裂，大家都在期待一个新的信息技术时代的到来。

3. 移动互联网时代（2004 年至 2020 年）

这个阶段，我们称为"移动互联网时代"。虽然移动互联网时代和桌面互联网时代都包含"互联网"三个字，但其形态的不同带来了极大的差异。

在互联网泡沫破裂后，全球信息技术的发展进入了一个平稳期，所有人似乎都在期待一个新的爆破点。很快，这个新的爆破点出现了：2007 年，苹果公司发布了第一代 iPhone 智能手机。从此开始，以往很多只能在电脑上完成的任务都迁移到了手机上。

随之而来的是完整的移动互联网（智能手机）商业生态，之前在电脑上完成的各项任务（如在线购物）都逐渐转移到了手机上，而且出现了基于位置的服务

（location-based service）等新的商业模式（如地图、外卖等）。可以说，在这个阶段，智能手机已然成了大多数人日常生活中不可或缺的随身物品。

同时，这个阶段也是中国信息技术/信息行业快速追赶的时期，发生了一系列标志性的事件。例如，2004 年，联想以 17.5 亿美元收购了 IBM 公司的 PC 业务，一跃成为全球规模最大的计算机制造商之一；2014 年，联想又以 23 亿美元收购了 IBM 公司的 x86 服务器业务，进一步巩固了在计算机制造行业的市场地位。同样是在 2014 年，阿里巴巴在美国纽约证券交易所挂牌上市，成为当时募资规模最大的 IPO（initial public offering，首次公开发行）。应该说，在这一阶段当中，中国在部分信息技术领域已经由追赶变为了并跑。特别地，中国具有极其丰富的数据资源，相关的人工成本（如数据标注）又比较低，进一步增强了中国信息技术行业/企业的竞争力。

在这一阶段，人工智能（artificial intelligence，AI）逐渐也有了一些较为成功的应用。例如，2016 年，DeepMind 开发的 AlphaGo 在与李世石的围棋对决中以绝对优势胜出，极大地颠覆了人们对人工智能能力的认知，也推动着人工智能的发展进入了一个新的阶段。

但总体来说，这一阶段还是以移动互联网的兴起和勃发为核心特征，用户的行为特征和商业模式的变化都是围绕着"移动"这个关键词展开的。

4. 数智时代（2021 年至今）

数智时代的最大特征是之前很多信息技术领域的新兴概念已经逐步实现了商用，典型的概念包括人工智能、区块链、元宇宙以及 2022 年底爆发的大模型。

2021 年，是很多人口中的"元宇宙"元年。所谓"元宇宙"，有很多不同的定义。我们可以简单地将其理解为，一个独立于现实世界的虚拟数字世界，用户可以在这个世界中获得一个全新的身份，开启全新的生活。当然，"元宇宙"的概念还在不断演进，但这至少意味着，相当大规模的一群人已经认同信息技术/数字技术能够创造一个与现实世界平行的数字环境。相应地，不管是在制造场景，还是在教育领域，数字孪生/虚拟数字环境都为创造新的管理模式带来了契机。

真正给人们的思想带来冲击的信息技术是大模型。2022 年 11 月，ChatGPT 正式上线。这种人工智能技术驱动的自然语言处理工具能够基于训练阶段所见的模式和统计规律来生成回答，还能根据聊天的上下文进行互动，聊天的效果更加接近于人类。甚至在人类的指导下，能够完成多语种翻译，以及撰写邮件、文案、代码等各类任务。ChatGPT 的出现，使一些人惊呼，人工智能进入了新时代。也许在不久的未来，很多人类的工作岗位将被其替代。

在数智时代，企业是应用新兴信息技术的先行者。很多企业在移动互联网时代就开始了企业数字化的进程，进入数智时代后，更是进一步实现了企业的智能化管理。甚至可以说，所有类型的组织都会受到影响，不论是政府，还是非营利机构，数智时代的冲击都不可避免。

当然，数智时代才刚刚开始，一些趋势和结果我们现在还无法判断。但这并不影响我们研究数智时代的新特征，为更好地应对这个新时代做好准备。

1.1.2　信息技术对教育的影响

对照 1.1.1 小节归纳的信息技术变革的四个阶段，从教育的视角来看，虽然高校应该是接触先进信息技术最早的群体之一，但是将其应用到教育中仍然是需要一个过程的。

在信息技术发展的前两个阶段，教育领域应用的具体信息技术相对较少。但是从 20 世纪 80 年代开始，很多国家加大了对教育领域的信息化建设，主要手段包括接入互联网、提供软硬件设备等。

例如，在美国，由其教育部发起的"明星学校"计划（1988 年至 1997 年）使 6000 多所学校联通信息高速公路，并开发了 30 多门完整的信息化课程。由美国国家科学基金会资助的"全国学校网络试点项目"（National School Network Testbed，NSNT）则涉及 153 所学校和 95 个其他组织，联合进行了多方面的教育改革试验。加拿大的学校网络工程（School Net）从 1993 年开始，原计划联通 300 所学校，由于进展格外顺利，继而决定在几年内使加拿大 17 000 所学校全部联网。欧盟在 20 世纪 90 年代发布了"信息社会中的学习：欧洲教育创议行动计划（1996—1998）"，旨在加速学校的信息化进程，同时推出多项有关教育信息化和教育改革的开发计划。在亚洲，日本文部科学省于 1990 年提出了一项九年行动计划，拟为全部学校配备多媒体硬件和软件，训练教师在教学中使用多媒体；1994 年，日本又建立了百校联网工程。新加坡在 1996 年推出了全国教育信息计划，投资 20 亿美元使每间教室联通互联网，做到每 2 名学生 1 台计算机，每位教师 1 台笔记本电脑（邓宗勇，2019）。

中国在 20 世纪 90 年代也启动了教育信息化的进程。1994 年，相关部门立项建设中国教育和科研计算机网（China Education and Research Network，CERNET），标志着教育信息化建设的正式启动。1998 年，国家启动了现代远程教育工程，重点发展网络远程教育，加速教育资源建设。2000 年，教育部组织召开了全国中小学信息技术教育工作会议，颁布了《中小学信息技术课程指导纲要（试行）》，将信息技术教育纳入了基础教育课程体系。2002 年，教育部科学技术司发布了《教育信息化"十五"发展规划（纲要）》，对教育信息化做了部署和规划。

进入 21 世纪之后，一些新的教育信息化尝试不断出现，为人类的教育方式带来了重大改变。

这里不得不提的就是"慕课"（massive open online course，MOOC，全称为大规模开放在线课程）。与已有的在线学习或在线学位项目不同，慕课更加强调开放性和公益性。慕课平台上的课程通常都是免费的，任何人都可以申请学习，达到课程的要求后还可以得到平台的认证。应该说，慕课是 21 世纪教育资源民主化的重要成功案例。最早的慕课平台出现在美国。例如，2007 年成立的可汗学院（Khan Academy）是由孟加拉裔美国人萨尔曼·可汗创立的一家教育性非营利组织，旨在利用网络影片进行免费授课，使命是加快各年龄学生的学习速度。2012 年成立的 Coursera 也是一个大型公开在线课程平台，由美国斯坦福大学两名计算机科学教授创办，旨在同世界顶尖大学合作，在线提供网络公开课程。在国内，中国大学 MOOC（https://www.icourse163.org）成立于 2014 年，与国内 800 余所高校开展合作，到 2022 年已上线一万多门课程，其中包括了一千多门国家级精品课，并能够为学习者提供认证证书。中国大学 MOOC 是国内目前最知名的慕课平台之一。2022 年 3 月，国家智慧教育公共服务平台（https://www.smartedu.cn）正式上线。该平台涵盖的内容更加广泛，包括了国家中小学智慧教育平台、国家职业教育智慧教育平台、国家高等教育智慧教育平台和国家 24365 大学生就业服务平台等 4 个子平台，慕课的受众群体进一步扩大。

此外，新冠疫情也对教育信息化的进程产生了重要影响。从 2020 年开始，很多学校为避免疫情扩散选择了线上授课。所以，腾讯会议、ZOOM 等会议软件，钉钉、微信、QQ 等社交软件，甚至包括一些直播软件，都成了线上授课的重要工具。一些学校也开发了相应的信息系统，以更好地应对线上授课。例如，国内某高校建设了课程直播平台，学生可以直接在线上观看教师在课堂上的授课，并且在课后可以进行回放。

上述提到的这些教育信息化手段，主要是围绕如何"学"展开的。信息技术对教育的影响还会体现在另外一个方面，就是教育管理。学校也是组织的一种重要类型，因此，信息系统也可以应用到学校中，提升学校的管理效率。

以高校为例。现在国内大多数高校都建立了自身的管理信息系统，有机整合了教务、科研、财务等各个方面的功能，不仅带来了管理效率的有效提升，同时也成了管理创新的重要途径。

一个典型的例子是西安交通大学搭建的学生管理大数据平台。该平台汇集了与学生相关的海量信息，可以帮助学校、学院更好地针对不同学生的具体情况制定相应的决策。比如，对于家庭经济困难的学生，该平台可以根据消费金额、恩格尔系数、家庭经济情况等 26 个指标，做到精准识别、应助尽助，实现对学生的"隐形资助"。同时，该平台还可以凝练这类学生在行为模式与消费习惯上存在的特征，从而对可能出现的异常情况进行提前的预测预警[①]。通过该平台，学校能够实现更加个性化的学生管理，帮助学生更健康地成长。

除了这一类信息系统，一些主要设计目标是促进"学"的工具也可以有效提升教育管理水平。清华大学开发的"雨课堂"就是一个很好的例子。作为一个PowerPoint 的插件，教师可以在授课讲义中插入各种类型的习题，课堂上学生作答后能够及时反馈作答情况。同时，学生还能针对讲义中存在的疑点直接提问。教师能够在后台看到学生提问、作答的情况，进而帮助教师更好地组织课堂教学、评价学生学习效果。

进入数智时代，信息技术的快速演进既是一种机遇，也带来了新的挑战。特别是在教育管理中，完善的信息系统能够汇聚大量的信息，各种新的数据分析方法和模型能够帮助管理者提炼更多深刻的洞察。因此，如何充分利用这些信息和方法来做出更高质量的教育决策，是所有教育管理者都必须思考和面对的。

本书以研究生教育发展预测作为一个切入点，做一些初步的尝试，希望为数智时代的教育决策提供一些借鉴。

1.2　研究生教育发展预测的研究对象

本书将围绕研究生教育发展预测展开研究。我们认为，涉及未来一段时间内研究生教育资源投入与配置的有关问题，都可以被归纳为研究生发展预测的研究对象。

结合本书所依托的国家自然科学基金重点项目"'互联网＋'时代研究生教育管理变革与创新研究"的主要研究目标来看，"双一流"建设、学位授权点、研究生招生规模是该项目重点关注的研究对象，而这三类研究对象都涉及了教育资源的投入和配置。例如，通过选择进入"双一流"建设行列的高校，国家为其投入相应的研究经费，希望能够建设一批世界一流大学和世界一流学科。那么，在进行上述资源配置决策的过程中，相关教育管理部门需要能够对未来一段时间内国内高校的建设情况进行预测，从而做出合理的决策（如为更有可能实现建设目标的高校提供更多的支持）。

具体到本书的研究工作，我们所关注的研究对象主要包括两个：一是预测国内高校建设世界一流大学的情况，二是预测博士研究生的招生规模。为了能够更好地开展相应的预测工作，我们还将这两个研究对象做了进一步的细化，分别从宏观和微观两个层面开展研究工作。

---

① 《西安交通大学搭建学生工作大数据平台——精准帮扶"智慧"育人》，https://baijiahao.baidu.com/s?id=163962
6526903190241&wfr=spider&for=pc，2019 年 7 月 21 日。

1.2.1　国内高校建设世界一流大学预测研究

对从宏观层面的教育决策者来说，国内高校建设世界一流大学的总体情况是更加重要的。因此，我们的研究对象是预测到特定年份能够进入世界一流大学的中国高校数量（详细定义请参考第 5 章）。该预测结果可以帮助宏观层面的决策者把控国内"双一流"建设高校的总体数量。

从微观层面来看，一所高校是否能进入世界一流大学行列以及何时能够进入世界一流大学行列，是我们在研究中关注的具体问题。通过预测研究，我们还能发现不同因素对预测结果的影响。很显然，相应的预测结果对于政府为高校投入资源以及高校制定相应的发展决策，都有非常重要的意义。

1.2.2　博士研究生招生规模预测研究

同样地，本书针对博士研究生招生规模的预测研究也从两个层面展开。

一方面，我们从国家/省份的视角，对未来一段时间的博士研究生招生规模进行预测。博士研究生的规模变化，不仅与政府部门的教育/科技投入有密切的联系，同时也有赖于各高校培养能力的支撑。因此，对国家/省份层面博士研究生招生规模的预测，能够帮助教育管理部门对教育资源进行超前配置，从而有力保障各高校的博士研究生培养工作。

另一方面，本书的研究工作也会对某一个具体高校的博士研究生招生规模进行预测。类似地，通过对高校博士研究生招生规模的预测，我们不仅能够得到在不同年份的博士研究生招生规模，还可以分析不同因素的影响。这些结果将有助于高校有针对性地提升培养能力，并进行教育资源的超前布局。

1.3　数智时代研究生教育发展预测的新要求

结合 1.1 节的讨论，可以发现，进入数智时代，各类新兴信息技术为研究生教育发展预测带来了很多新的可能。我们认为，主要可以从两个方面来理解数智时代研究生教育发展预测的新要求。

1.3.1　从单源单层次数据到多源多层次数据

在已有的教育预测中，通常只采用单一来源的单一层次数据来进行预测。例如，一些研究主要使用过往的各省份研究生招生规模数据对未来的研究生招生规模进行预测。这些研究工作的数据来源通常比较单一（如只参考统计年鉴中的数据），同时，也没有考虑不同层次数据之间的影响（如全国的研究生招生规模与各省份招生规模之间的关系）。

进入数智时代，由于信息技术的不断进步，能够获取研究生教育相关数据的来源不断丰富。传统的统计年鉴等渠道对预测工作仍然有着重要的意义，但与此同时，新的数据来源为开展更加深入的预测工作提供了可能。例如，各层次的教育管理部门会根据自身需求采集相应的数据，高校在教育教学过程中形成了大量的数据，而国内的研究机构和商业数据机构也都拥有丰富的教育数据。这些不同来源的数据相互验证、相互融合，能够为研究生教育发展预测提供重要支撑。

同时，数据层次也比以往更加丰富。传统上，研究者能够获得的数据主要是国家层面、省份层面的，高校层面的数据相对较少。随着信息技术的不断进步，越来越多的高校不断采集教育教学过程中的数据，形成了高校层面、教师层面、学生层面的丰富数据，为预测工作带来了更多可能。

1.3.2　从单一方法预测到多方法融合预测

在过往的教育预测研究工作中，时间序列预测方法是最常用的研究工具。应用这种工具开展研究工作，有一个非常重要的前提假设：未来将要发生的情况与过往已经发生的情况之间有着密切的联系。例如，21 世纪初，国内的研究生招生规模在不断扩大，那么，使用时间序列方法进行预测，就会得出，我国未来的研究生招生规模仍然会不断增长的结论。很显然，这样的结论是存在一定问题的，所以单纯使用时间序列方法进行预测可能存在缺陷。

与此同时，大量的研究工作也证明了，因果关系方法（以各类机器学习模型为主）是一种更好的预测工具。同样地，在研究生教育发展预测中，我们所关注的预测对象也会受到很多不同因素的影响。例如，一个国家建成世界一流大学的数量与这个国家的经济实力之间存在着必然的联系。因此，有必要将这一类方法引入到本书的预测研究中，形成多方法融合的预测手段。

此外，为了能够更好地提炼信息、描述未来发展过程中可能出现的多种不确定场景，情景规划、文本分析等不同手段也能够为研究生教育发展预测工作提供额外的帮助，使得预测结果更具说服力。

1.4　本书的主要内容

本书的主要出发点是构建一套在数智时代进行研究生教育发展预测的方法体系。因此，在本书中，我们将对数智时代研究生教育发展预测的多源多层次数据来源、多方法融合的预测模型进行系统介绍，并通过几个具体案例对我们提出的方法体系进行说明。

具体来看，本书的主要内容包括以下几个部分。

首先，我们将回顾人类社会预测的发展历程和主流预测方法在教育发展预测中的应用（第2章）。我们将人类社会预测的发展过程划分为了早期预测、时间序列预测和因果/相关关系预测三个阶段，介绍了主要的特征和典型的研究问题。在此基础上，我们梳理了教育发展预测所采用的几类不同预测方法，并分析了数智时代教育发展预测所面临的主要挑战。

其次，本书将详细介绍数智时代研究生教育发展预测研究中的多源多层次数据来源（第3章）。通过论述数智时代研究生教育发展预测从单一单层次数据来源发展到多源多层次数据来源的必然性，我们将从不同的数据来源和不同的数据层次两个视角详细介绍数智时代研究生教育发展预测的数据特征。同时，我们还将讨论多源多层次数据处理中所涉及的数据清洗和融合问题。

再次，本书将介绍数智时代研究生教育发展预测研究中采用的主要预测方法（第4章）。通过论述数智时代研究生教育发展预测从单一方法预测到多方法融合预测的必然性和可行性，我们将介绍两类主要预测方法（时间序列预测方法和机器学习预测方法）以及两类支撑方法（情景规划和文本分析）。同时，我们还将讨论这些不同预测方法的融合方式。

最后，我们用较长的篇幅对4个具体的研究生教育发展预测问题进行了研究，以说明本书所提出的研究方法体系的作用（第5章至第8章）。

其中，第5章和第6章围绕中国高校建设世界一流大学展开预测研究。在第5章中，我们站在国家层面，参考西方发达国家的情况，预测进入世界一流大学行列的中国高校数量。通过对比多种不同方法下的预测结果，给出对未来一段时间内我国建成世界一流大学的数量预测，并采用情景规划思想分析个别因素变化带来的影响，从而为国家的"双一流"建设整体布局提供建议。第6章聚焦于具体高校的建设情况，通过不同的机器学习方法预测某一高校是否能够进入世界一流大学行列、何时进入世界一流大学行列，并讨论不同指标对预测结果的影响。这一章的研究工作能够帮助高校制订"双一流"建设规划。

第7章和第8章则是关于博士研究生招生规模的预测研究。在第7章中，我们从国家和省份两个层面进行博士研究生招生规模的预测，通过应用不同机器学习方法，并结合情景规划工具，分析未来一段时间内全国和代表性省份的博士研究生招生规模，可以为教育资源的超前配置提供决策支持。第8章的研究围绕高校的博士研究生招生规模展开，采用不同的机器学习方法进行预测和对比分析，探讨典型高校博士研究生招生规模的变化趋势，为高校提供相关的决策依据。

第2章　预测的发展历史与教育发展预测

从人类社会发展初期,预测就是一个在日常生产活动中普遍存在的决策问题。随着社会的进步、技术的发展,人类的预测活动更加活跃,也变得更加科学。

在本章中,我们将首先回顾人类历史发展进程中出现的几类预测方法;然后,介绍教育发展预测的发展过程和所采用的常见方法;最后,将简单讨论当前的教育发展预测所面临的挑战。

2.1　预测的发展历史

漫长的人类社会发展历史伴随着各种各样的决策,而绝大多数决策都需要不同类型的预测作为输入。因此,预测的效果好坏在很大程度上决定了决策质量。或者可以这样讲,预测是影响人类历史进程的最重要因素之一。

2.1.1　早期预测

自人类有历史记录的那一刻起(不管是图形还是文字),预测就无处不在。这里,我们借鉴阎耀军(2005)的划分,将早期预测分成以下三个主要的阶段。

1. 神灵性预测

神灵性预测是人类社会在发展早期缺乏对自然世界认知的阶段,面对无法理解的自然现象和对未知事物的恐惧,所发展出来的一种预测。无论是在西方社会还是东方社会,神灵性预测以占卜、占星、占梦等方式普遍存在。

从当今的观点来看,神灵性预测基本上可以视作一种迷信活动,毫无科学性可言。但是,由于当时人类的认知局限,神灵性预测仍然有重要的作用。特别是国家的统治者,通常会利用这些"预测"结果的精神控制功能来加强或维护自身的统治地位。同时,那些"掌握"了神灵性预测方法的人也在社会中获得了很高的地位。

2. 经验性预测

随着人类对自然现象和社会现象的不断深入观察,一些经验性的规律和认识被逐渐归纳总结。基于这些认知，人类可以对一些自然和社会情景进行预测。这一类预测活动，被称为"经验性预测"。

经验性预测最典型的例子是人类通过对天象的观察来总结天体变化的规律，形成历法指导农业实践等。例如，根据古罗马学者托勒密的著作《天文学大成》，人们可以精确地预测出日食、月食的时间。

然而，经验性预测是有其时代局限性的。比如，托勒密的天文学体系虽然比较完整，历法也相当精确，但他的核心观点是"地心说"。此外，所谓经验，只是对过去情况的系统总结，而未来将要发生的情况虽然很多时候与过去有关，却也不可能完全与过去相同。

3. 哲理性预测

根据阎耀军教授的定义，"哲理性预测是根据社会变化的规律而不是仅凭现象的重复来对事物的未来作预测"。所以，哲理性预测是有科学依据的，但是以定性预测为主要的呈现方式。

哲理性预测可以进一步划分为如下两类。

一类是古代的朴素的哲理性预测。例如，中国古代的《易经》《孙子兵法》，可以认为是我国的先贤根据对社会运动的规律性认识，形成的哲理性预测。但是，这些认识和预测仍然无法摆脱时代的局限性，其中也仍然有神灵性预测的内容存在。

另一类则是伴随着近代自然科学发展所形成的更加科学的哲理性预测。这一类哲理性预测的最典型代表就是马克思。马克思通过历史唯物主义和剩余价值学说，对人类社会的发展规律进行了总结，从商品的二重性、劳动的二重性以及社会必要劳动时间等推论出资本主义制度一定会被社会主义制度所取代。马克思所做的预测对现代社会预测的发展具有重要意义。

因此，哲理性预测对人类社会的发展有重要影响，也为后续的实证性预测（阎耀军教授的划分框架中的第四个阶段）奠定了坚实的基础。由于后文介绍的时间序列预测和因果/相关关系预测都属于实证性预测的范畴，所以这里对实证性预测不再做更多讨论。

2.1.2　时间序列预测

经历过了早期的发展阶段，人类对自然现象和社会运行的本质有了更加深刻的认识，预测的科学性成分不断提升。其中，时间序列预测是一类应用最为广泛的预测方法。

针对时间序列的理论分析最早出现在 20 世纪二三十年代针对随机过程的研

究中。当时，人们使用移动平均法来消除时间序列中的波动性。此后，指数平滑模型、差分自回归移动平均（auto-regressive integrated moving average，ARIMA）模型等一些经典的时间序列分析方法不断出现。但是，这一时期针对时间序列的研究工作尚未形成完整的理论体系。直到 1970 年，Box（博克斯）和 Jenkins（詹金斯）出版了《时间序列分析：预测与控制》（*Time Series Analysis*：*Forecasting and Control*），该书成了时间序列预测的一本经典专著。此后，时间序列预测的应用范围更加广泛，而且出现了非线性模型、（广义）自回归条件异方差模型等新的时间序列模型，进一步丰富了时间序列预测的应用场景[①]。

时间序列预测最核心的思想是认为未来将发生的情况与过往发生的情况之间存在着紧密的联系。

下面，我们以最常见的需求预测为例，来简单说明时间序列预测的思想。假设一个商家要对某种产品的市场需求进行预测，而该商家在过往的经营过程中已经采集了有关该产品的大量历史需求数据。通过观察历史数据的特征，可能存在如下几种不同的情况[②]。

（1）这种产品是一种生活必需品（如食盐），过往的需求数据比较稳定。那么，未来的需求存在很大可能性与过去的需求相比变化不大。此时，可以考虑使用移动平均法或者一次指数平滑法对未来的需求进行预测。

（2）这种产品是一种上市一段时间的产品，需求仍然在增长过程中（如新款手机）。那么，未来的需求相比过往的需求会呈现出固定的增长趋势。此时，可以考虑使用二次指数平滑法来预测呈现出明显趋势性（增长或下降）的市场需求。

（3）这种产品是一种需求有明显季节性的产品（如羽绒服），在过往的数据中，冬季的市场需求较高，而夏季的市场需求较低。此时，可以考虑使用三次指数平滑法来对呈现出季节性的需求进行预测。

当我们能够判断出过往的需求呈现的模式时，就可以有针对性地选择相应的预测模型。当然，有些时候过往需求数据的特征并不明显，则可以考虑使用灰色预测模型或者 ARIMA 模型来提炼数据中的特征，然后再对未来的需求进行预测。

以上是以时间序列方法应用最广泛的需求预测为例，说明时间序列预测的基本思想。针对具体的预测问题，如果从预测对象的过往数据中，能够凝练出时间维度上的一些特征，则都可以考虑采用时间序列方法进行预测。

时间序列预测在各种实践中有着非常广泛的应用。从 20 世纪 90 年代开始，国内大量的预测研究工作都采用了时间序列预测方法。

---

① A brief history of time series analysis，https://www.su.se/english/research/research-subjects/statistics/statistical-models-in-the-social-sciences/a-brief-history-of-time-series-analysis-1.612367，2022 年 3 月 13 日。

② 对于相关方法的细节，本章中不做详述。我们将在本书第 4 章中对研究中使用到的预测方法进行系统介绍。

在滑坡预测方面，门玉明等（1997）应用二次指数平滑法对短期内发生滑坡的时间点进行预测，取得了较好的效果；而徐峰等（2011）则结合灰色预测模型和自回归模型对滑坡位移进行了预测。在物流运输方面，时间序列方法也有很多应用实例。例如，陈宁等（2005）应用对数二次指数平滑法对某港口的吞吐量进行预测，从而为港口规划决策提供了重要依据。马晓珂和王慈光（2005）的研究则应用三次指数平滑法对大秦铁路的运输量进行了预测，为大秦铁路扩大运力、进行改造提供了决策支撑。

在医疗卫生领域，时间序列预测方法也有重要的应用价值，特别是在传染病的预测方面。王昕等（2011）通过建立 Holt-Winters 指数平滑模型对深圳市的流感样病例率进行了预测，中短期的预测效果较好。汪鹏等（2018）的研究工作则在对武汉市的流感样病例率的预测中，对比了 ARIMA 模型与 Holt-Winters 指数平滑模型，发现 ARIMA 模型的预测效果更好。严婧和杨北方（2017）研究了湖北省丙型病毒性肝炎发病率的预测问题，分别应用 ARIMA 模型和 Winters 加法指数平滑模型进行了预测，结果发现采用 ARIMA 模型的预测误差更小。

上述例子都使用了时间序列预测方法对特定的预测问题展开研究，获得了较好的预测效果。但需要注意的是，这些例子都假设未来的情况只与过去已经发生的情况相关，没有考虑其他因素的影响。这是时间序列预测方法最大的局限性。例如，新冠疫情发生后，再对流感样病例率进行预测，只使用以往的数据就会存在明显的偏差了。

2.1.3　因果/相关关系预测

在 2.1.2 小节中，我们强调，时间序列预测的一个基本假设是认为预测对象未来的情况与过往已经发生的情况密切相关。但很多时候，预测对象未来的情况会受到其他各种因素的影响。

举一个简单的例子，仍然考虑需求预测的场景。假设某商家销售羽绒服，需要对未来一个销售季（比如中国北方的冬季）的市场需求进行预测。同时，商家也了解到，即将到来的一个销售季，气象部门预测气温会比以往年份更低。如果仅考虑时间序列预测方法，则羽绒服的需求有明显的季节性，可以参考过往的数据应用三次指数平滑法等模型进行预测。但是，如果已知气温可能更低，那么，很明显，商家应该调增对市场需求的预期，因为可能会有更多的人来购买羽绒服应对低温。

上述例子说明，对未来需求的预测，除了与过往的历史数据存在关联，很可能也与其他因素有关系。这种关系，可能是很明显的因果关系（如上述羽绒服的例子），也有可能是相关关系（在大数据分析的场景中比较常见）。无论是哪种情况，都与时间序列预测存在着明显的差别。

我们将这一类预测称为因果/相关关系预测。这类预测手段出现的时间相对于时间序列预测更晚，主要的原因在于这类手段需要掌握一定量的数据才能够进行分析。

从发展进程来看，大体上可以将其划分为以下两个阶段。

1. 前机器学习阶段

在机器学习方法被广泛应用于各类预测问题之前，"数据挖掘"是与因果/相关关系预测联系更多的一个重要概念[①]。但是，从严格意义上来看，"数据挖掘"这个概念不仅仅包括相关的数据分析方法，还包括了建设数据库等基础设施。因此，"数据挖掘"与"机器学习"是两个存在密切关联，但又不完全相同的概念。本书不对此做更加深入的辨析，而是将这一阶段称为"前机器学习阶段"。

在这一阶段中，出现了多种数据分析方法（如关联规则、分类、聚类等）。其中的一些方法经过理论上的拓展和延伸，仍然是目前机器学习领域的常用方法。当然，也有一些方法并不属于当前的机器学习的范畴，最有代表性的一个例子就是关联规则。下面我们通过经典的"啤酒与尿布"的案例来简单说明关联规则的内涵。

"啤酒与尿布"是 20 世纪 90 年代被广泛传播的案例。故事是这样的，在美国的沃尔玛超市中，超市管理人员分析销售数据时发现了一个令人难以理解的现象：在某些特定的情况下，"啤酒"与"尿布"两件看上去毫无关系的商品会经常出现在同一个购物篮中。这种有些奇怪的现象引起了管理人员的注意。通过应用 Agrawal 和 Srikant 两位学者设计的 Apriori 算法（Agrawal and Srikant, 1994），管理人员确认了啤酒与尿布之间确实存在着明确的相关关系，即购买尿布的顾客有很大可能购买啤酒[②]，从而为超市管理人员的决策提供了重要的理论支持。Apriori 算法就是挖掘关联规则的一种常用算法，而"啤酒与尿布"早已成为介绍关联规则的经典案例。

2. 机器学习阶段

进入 21 世纪，随着信息技术的进步，人们可以获得的数据量极大丰富。"大数据"的概念，就是在 21 世纪的第一个十年被提出的（迈尔-舍恩伯格和库克耶，2013）。

更加丰富的数据，为预测带来了更多的可能性。但是，前机器学习阶段的方

---

① 例如，21 世纪的前十年，作者在读本科时，学习的数据分析方法都被归类到"数据挖掘"这个概念之下。

② 背后的一个有戏说成分的解释是：美国的很多奶爸在去超市给婴儿买尿布时，总是愿意给自己也捎上几听啤酒。

法更多是从计算机的视角开发出来的,面对更大量的数据处理存在着一定的不足。因此,借鉴统计学中的很多思想,数学和计算机领域的学者开发和改进了一系列数据分析处理方法。这些方法能够帮助计算机更好地"学习"数据中的特征和模式,因此,这一类方法被称为"机器学习"方法。

需要说明的是,很多机器学习方法(或者至少是其思想)很早就出现了,在前机器学习阶段中也被广泛使用。但是,随着数据的不断丰富,这些方法不断被完善、提升,最终都被归纳于当下的机器学习方法之列。

这里,我们举一个神经网络的例子,来理解"机器学习"这个说法。

神经网络是模拟人类神经系统构建的机器学习模型,由大量的神经元相互连接,形成一个复杂的网络系统。对于一个典型的人脸识别应用来说,人们需要将大量照片或视频输入系统,由神经网络进行学习。经过海量数据的训练之后,该模型可以通过照片或视频对人脸进行识别。这里的"训练"过程,也就是机器的"学习"过程。但神经网络存在一个缺陷,即无法对结果是如何得到的进行解释。换句话说,其中的网络可以被看作是一个"黑箱"。尽管如此,由于其应用效果良好,神经网络在现实中的使用非常广泛。

目前,因果/相关关系预测已经获得了非常广泛的应用,可以解决一些比较复杂的预测问题。

例如,各种机器学习方法在电力系统负荷预测中得到了比较深入的应用。在21世纪初,周佃民等(2002)就探讨了利用BP(back propagation,反向传播)神经网络来进行电力系统的短期负荷预测。研究结果表明,在保证足够训练样本的前提下,对单日负荷的预测结果是有效的。吴潇雨等(2015)针对机器学习方法在电力系统短期负荷预测中存在的泛化性能不强、参数选择困难等问题,设计了基于灰色投影改进的随机森林预测算法,实现了更高的预测精度和鲁棒性。近年来,为了进一步提升预测精度,一些研究工作将不同的机器学习方法进行了融合。陈振宇等(2020)就将LSTM(long short-term memory,长短期记忆)神经网络和XGBoost方法进行了融合,有效提升了超短期电力负荷预测精度。

针对股票/产品价格的预测,传统上采用时间序列的预测方法较多,但以神经网络为主的机器学习方法的使用也越来越丰富。于卓熙等(2018)在采用主成分分析法对影响股票价格的指标进行降维的基础上,构建广义回归神经网络模型对股票价格进行预测研究,其预测精度优于ARIMA模型。史建楠等(2020)的工作则将动态模态分解算法与LSTM神经网络相结合,对股票价格进行预测,并通过在某只股票上的实际验证,证明了该模型的有效性。张品一等(2018)构建了GA-BP(genetic algorithms-back propagation,遗传算法反向传播)神经网络模型对黄金价格进行了预测,精度高于单独采用BP神经网络模型的情况。

此外,各类机器学习模型在交通流量/运输量、客户流失、空气质量等预测问题上都已经得到了广泛的应用。

在因果/相关关系预测中，还有一些方法严格意义上不属于机器学习方法，但是其思想仍然是因果/相关关系预测，而且预测效果较好。这里我们也简要对其进行概述。

1）基于投入产出思想的预测

这一类预测的基本观点是，如果我们能够了解某个系统投入与产出之间的对应关系，并且能够确定在特定时刻的投入，那么，就可以预测系统相应的产出水平。

应用这一思想的最典型案例是陈锡康及其团队对中国粮食产量的预测。20 世纪 70 年代末，我国为了能够更好地满足人民对粮食的需求、提前做好粮食进出口计划，国务院有关部门委托中国科学院对每年全国的粮食产量进行预测。陈锡康及其团队经过深入研究，提出了系统综合预测因素法。预测方程中综合地反映了影响农业复杂巨系统的四大因素，即社会政策管理因素、经济技术因素、自然因素和其他因素。其核心技术主要有三个，即投入占用产出技术、考虑边际报酬递减的非线性预测方程及最小绝对和方法。到 1998 年，其连续 19 年的平均预测误差仅为 1.6%，预测精度处于国际领先地位。陈锡康及其团队的预测工作产生了重大社会及经济效益，受到中央领导和中央有关部门的高度评价（王惠兰，1999）。

其他领域也采用了这一类预测思想，并取得了较好的预测效果。例如，李晖和陈锡康（2013）开发了人口投入产出模型，利用该模型预测了 2010 年至 2030 年我国人口总量以及结构的变化情况，提供了解决人口预测问题的新途径。王磊（2014）通过剥离影响区域碳排放水平的主要因素，构建了"能源-经济"投入产出模型，对天津市的碳排放进行了多情景预测，为城市建设规划提供了参考与借鉴。

2）基于系统观点（系统动力学）的预测

这一类预测的特点是针对具体的预测对象，搭建一个能够描述其变化方式的系统。系统中包括诸多对预测对象产生直接或间接影响的因素，通过描述不同因素之间的联系，刻画出完整的系统动力学流图。在此基础上，当给定因素发生变化时，就可以得到预测对象的变化情况。

通过文献梳理，我们发现，基于系统观点的预测在很多场景当中都已经得到了充分的应用。

例如，刘秉镰和杨明（2009）运用系统动力学方法研究了城市物流园区规划中的需求预测问题。研究通过梳理物流供给能力和区域经济发展两类因素，明确了这些因素与物流需求之间的关系，进而对物流需求进行了动态预测。王迪等（2017）的研究工作应用系统动力学的思想对中国煤炭系统的产能进行了预测，并对调控潜力进行了分析。在医学领域，严阅等（2020）构建了一类时滞动力学模型，对新冠病毒的传染过程进行了预测。

本节以时间视角，从三个阶段总结了预测的发展历史。但这并不意味着三个阶段是完全割裂的。特别是最近几年，将不同预测方法融合后进行预测的研究工作越来越多。本书的研究工作也尝试在教育发展预测中将时间序列方法与机器学习方法进行融合，以获得更加可靠、更有说服力的预测结果。

2.2　教育发展预测

根据宁虹（1989）的观点，教育预测作为社会预测的一个分支，主要回答的问题包括：①在未来一定时间里，教育领域将要发生哪些变化？为什么会发生这些变化？这些变化具有何种性质？②这些变化将达到何种程度和范围？③这些变化大致在何时发生？④发生这些变化的可能性有多大？

可以发现，这些问题最终是要为教育领域的政策决策和资源配置提供支持。因此，我们认为教育发展预测与这里所提到的教育预测没有本质上的区别。

本节的内容将主要围绕国内的教育发展预测情况展开论述。更具体地，我们将首先回顾早期教育发展预测的主要研究问题和方法。其次，将重点总结围绕时间序列预测方法的教育发展预测研究。最后，我们将归纳采用其他方法的教育发展预测研究。

2.2.1　早期的教育发展预测

早期有关教育发展预测的研究更多是从政策的视角、从定性分析的角度展开的。

根据宁虹（1989）的梳理，最早的教育预测出现在 20 世纪 20 年代，当时的苏联在制定第一个五年计划时对专家的需求进行了预测。20 世纪 50 年代之后，联合国教育、科学及文化组织通过举行会议和培训活动、出版教育预测书籍的方式，推动教育预测和教育规划活动的开展。随后，部分国家和地区以及一些组织也进行了多种形式的教育预测和教育规划活动。这些教育预测活动的研究方法还是以定性分析为主。

具体到中国的情况。中华人民共和国成立之后，国家在制定经济和社会发展计划时，也对教育发展进行了一些预测，但定性预测较多，而定量分析很少。在党的十一届三中全会之后，国家的发展重点转移到经济建设上，教育问题也得到了更多的重视。

1982 年 12 月，文件《国务院批转国家计划委员会关于制订长远规划工作安排的报告的通知》中指出："为了更好地贯彻落实党中央确定的到本世纪末我国经济建设的战略部署，各地区、各部门应即根据党的十二大和五届人大五次会议的精神，在落实第六个五年计划的同时，抓紧制订第七个五年计划和一九九一年至二〇〇〇年设想。"该文件在专项规划部分包含了专门人才规划，这标志着我国对教育预测的重视程度有了显著提升。

从学术研究角度，宁虹（1989）和于清涟（1990）出版的两部著作是国内最早有关教育发展预测的系统论述，从中可以对当时的预测问题和主要方法有所了解。

从预测问题上来看，宁虹认为，教育预测主要包括四个方面的内容，分别是：关于教育发展的总体预测、关于教育结构的预测、关于教育社会功能的预测，以及关于未来教育形式的预测（宁虹，1989）。于清涟（1990）则通过书中的不同章节体现了教育发展预测的主要研究对象，包括教育综合预测、普通教育发展需求预测、职业技术教育发展需求预测、高等教育发展需求预测、普通劳动力需求预测、专门人才需求预测、师资需求预测等内容。

从预测方法上看，这两本书中都涉及了定性和定量两大类预测方法。宁虹（1989）的著作中对专家预测法、形态分析法等定性预测方法以及时间序列预测法、回归预测方法、系统动力学预测方法等定量预测方法都进行了系统的介绍，并提供了一些简单的例子。主要的不足在于，书中并没有提供一些现实场景下的教育发展预测实例。于清涟（1990）也对主要的预测方法进行了简单介绍，并针对几类研究对象提供了一些研究案例。这本书的主要不足则在于，虽然提供了案例，但其中使用的方法都比较简单，虽然涉及了定量方法，但几乎没有使用时间序列或者回归等相对复杂的方法。

20 世纪 90 年代之前，国内学者已经开展了教育发展预测的有益探索，形成了较为系统化的思考。我们认为，这一时期有关教育发展预测存在的局限主要来自两个方面：一方面，教育领域的研究者可能对定量预测方法缺乏深入的理解与认识，从而欠缺实际应用；另一方面，当时的教育数据可能还不够全面、具体，无法有力支撑定量预测方法的应用。

2.2.2 　时间序列视角的教育发展预测

进入 20 世纪 90 年代之后，特别是进入 21 世纪，采用定量预测方法的教育发展预测研究工作不断丰富。其中，时间序列预测方法是较为主流的定量预测方法，被应用于很多教育发展预测问题中。

最典型的一类预测问题是有关人才需求的预测。闵惜琳（2005）的文章是一篇较早的研究论文，应用灰色预测模型 GM(1,1)对广东省的科技人才需求进行了预测。阳立高等（2013）也采用类似的方法对湖南省战略性新兴产业人才需求进行了预测，并根据预测结果提出了一些政策建议。任静等（2020）的研究应用 GM(1, 1)模型对杭州市人才需求总量进行了预测，还使用了 ARIMA 模型对杭州市不同领域的人才需求量做了预测，总结了不同领域人才需求的变化特征。

与人才需求预测类似的是对各类型学生规模的预测研究。例如，孙梦洁等（2010）运用 ARIMA 模型对内蒙古自治区的研究生招生规模进行了预测，就如何协调研究生教育规模和质量给出了建议。易梦春（2016）通过构建基于时间序列的趋势外推预测模型对我国的高等教育在学总规模和高等教育毛入学率进行了预测，分析了我国高等教育普及化进程的影响因素。张雯鑫等（2016）则关注了高校层面的招生计划预测问题。结合 GM(1,1)模型和聚类模型，该研究制订了某高校分省招生计划，具有很强的可操作性和重要的现实意义。

还有很多其他具体的教育发展预测问题采用了时间序列预测方法。例如，朱文佳和朱莉（2019）应用时间序列预测方法对 ESI（Essential Science Indicators，基本科学指标数据库）前 1%的学科入围时间进行了预测。该研究利用 ARIMA 模型拟合目标机构 ESI 被引频次估值时间序列，并利用 Winters 指数平滑模型拟合 ESI 入围阈值时间序列。通过对某高校的实例验证，作者说明了其方法的有效性。

通过文献梳理，我们发现时间序列预测方法在教育发展预测中已经得到了比较广泛的使用。从具体的研究问题上看，大多数研究工作是宏观层面（国家/省份层面）的预测，微观层面的预测研究很少（针对高校或者教师、学生个体）。这并不意味着时间序列预测方法在微观层面不适用，而是由于数据来源的局限性（我们将在第 3 章中对教育发展预测涉及的多源多层次数据进行详细分析）。在本书的研究工作中，我们根据时间序列预测的特点，将其与机器学习预测方法进行融合，获得了较好的效果。

2.2.3　其他研究视角的教育发展预测

近年来，在教育发展预测的研究中，出现了更加多样的预测方法。特别是以机器学习方法为代表的因果/相关关系预测方法，为教育发展预测研究提供了很多新的思路。

在本小节中，我们将按照不同的预测方法来对相关的教育发展预测研究工作进行梳理。

1. 模拟预测方法

模拟预测方法也是一类比较重要的预测方法。但是由于其应用的场景比较有限，同时应用过程中存在一定的主观性成分，所以现实中的案例比较少。因此，我们在 2.1 节中没有特别提到这类预测方法。

但是，在教育发展预测研究中，也有少数的研究应用了模拟预测方法。

例如，薛耀锋等（2016）通过 Leslie 矩阵模型对我国基础教育学龄人口的未来发展趋势进行了预测，结合计算机模拟分析义务教育年限延长的效果，从而回答"是否需要延长义务教育年限以及如何延长"这一重要问题。常若菲和杨卫（2021）的研究工作则通过数值计算的方法给出了 40 年来研究生教育规模和学科规模（包括学位授予单位数量和学位授权点数量）的演化历程，进行定量描述，探讨了研究生教育动力学理论用于刻画实际案例演化的可行性。

整体上看，采用这一类方法的教育发展预测研究工作比较稀缺。本书的研究也没有涉及这类方法。

2. 系统动力学预测方法

在 2.1 节中，我们对系统动力学预测方法的基本思想做了简单介绍。同样地，教育体系也可以从系统动力学的观点来理解。通过描述系统中各种因素之间的相互影响，可以构建一个以教育发展预测的主要预测对象（如招生规模等）为核心目标的系统动力学模型，进而可以对其变化开展预测。

这一类研究工作目前还不是非常丰富。但是，以系统观点理解和分析问题是具有其独特优势的。尽管定量分析的难度较大，但仍然值得尝试。几篇典型的研究工作如下。

杨文正等（2013）运用基模分析法获得优质教育信息资源"共建共享"机制的主要反馈结构，并以此构建了资源质量与用户使用的系统动力学流图和方程。通过该模型，可以对教育信息资源的利用率进行预测，并分析不同因素的影响。王梅和张增（2020）的研究则基于系统动力学模型分析了美国博士授予规模的变化，并对未来的情况进行了预测。结合系统动力学模型的结果，该研究还给出了不同因素对博士授予规模的影响。另外一篇研究（王传毅等，2021）着眼于教育规模与经济社会发展水平、结构之间的关联，采用系统动力学模型，综合考虑人口、经济、科技因素与教育系统之间的作用关系，对中国"十四五"时期各级各类教育规模进行了预测。

系统观点是一种有效地理解教育发展机理的方式。通过建模分析，能够解决教育发展预测中的一些典型问题。本书的研究工作主要聚焦于机器学习方法与时间序列方法的融合，所以并未采用系统动力学方法。

3. 机器学习预测方法

相对于时间序列预测方法来说，采用机器学习预测方法不仅仅是一种方法上的转变，更是一种思维方式上的转变，需要我们以新的视角来理解教育发展预测问题。同时，机器学习包含了多种不同的方法模型，可以解决各种层次、各种类型的教育预测问题。

例如，对于典型的教育规模预测问题，机器学习方法可以提供更精确的预测结果。何长虹等（2012）应用 GM(1, 1)模型和 BP 神经网络模型对全国普通高等学校招生的规模进行了预测。研究结果表明，BP 神经网络模型在预测效果上明显优于 GM(1, 1)模型。该研究证明了机器学习方法相对于时间序列预测方法的优越性。刘宝宝等（2022）针对招生人数预测问题，设计了 DE-LSTM 模型，通过差分进化（differential evolution，DE）算法对 LSTM 神经网络中的隐层节点和学习率进行优化，获得了比 BP 神经网络和 LSTM 模型更高的预测精度。

同时，对于一些过往的教育发展预测研究中较少涉及的问题（如很多偏向于微观层面的预测问题），采用机器学习方法也能够获得较好的预测结果。一类典型的研究问题是对学生学习绩效的预测。例如，胡航等（2021）通过不同场景的学习行为日志数据进行学习绩效预测，构建了决策树、RIPPER（repeated incremental pruning to produce error reduction，重复增量剪枝以减少错误）规则、支持向量机、贝叶斯网络和逻辑回归五种机器学习预测模型，同时结合 Boosting 和 Bagging 集成方法提升预测精度，并将深度学习网络预测模型与神经网络模型进行了比较，结果表明深度神经网络预测准确率最高，但耗时也更多。罗杨洋和韩锡斌（2021）则应用增量学习的随机森林模型来对混合课程中的学生成绩进行预测，证明了增量学习随机森林模型的预测效果优于批量学习随机森林模型，且在数据量增加时，预测结果的稳定性会更好。班文静等（2022）的研究工作构建融合了神经网络、决策树、k 近邻、随机森林和逻辑回归的在线学习成绩预测模型，并表明融合预测算法精确性优于单一算法。

除此之外，机器学习方法还可以用来处理一些特殊的教育预测问题。例如，针对"睡美人"文献（指科学界中的一些重要研究成果或重大科学发现在引用周期的开始阶段未被读者识别出来，然而随着时间的流逝，此类成果重新被社会发现和重视，并受到广泛传播和利用），崔静静等（2022）融合决策树和逻辑回归模型对文献特征向量空间进行模型训练，对潜在的"睡美人"文献进行预测，并使用人工智能领域的文献进行了验证。

通过文献梳理，可以发现，目前已经有部分工作将多种新型预测方法应用到了教育发展预测中。以采用机器学习的研究工作为例，我们认为现有研究大体上可以划分为两类。其中一类研究工作的作者主要是计算机或相关领域的学者，其研究主要思考哪些机器学习方法可能适用于教育发展预测的场景，但对教育发展预测问题本身的思考较为有限；另一类研究的作者则主要是教育领域的学者，其研究主要关注如何有效地解决教育预测问题，在方法选择上主要考虑实用性。本书的研究工作希望能够更好地将机器学习预测方法与研究生教育发展预测问题进行融合，既在预测方法上有所进步，同时还要能切实解决研究生教育发展预测中的实际问题。

2.3　教育发展预测面临的挑战

进入数智时代，教育发展预测面临着很多新的挑战，研究范式需要进行转变。万力勇（2022）已经对此进行了较为精辟的总结：研究取向从始于假设向基于数据转变，研究数据从人为设计向全量真实转变，预测方法从传统回归向机器学习转变，研究模式从单一路径向多元融合转变。

在此基础上，我们结合自己的思考，从以下三个方面阐述教育发展预测所面临的主要挑战。

1. 数据驱动的研究是一个必然的发展趋势

在相当一段时间内，教育领域的研究更多的是基于经验或者说基于假设的。这也就意味着，相关研究工作通常依据已有的假设展开，包括数据的采集也会受到假设的限制。

然而，进入数智时代，教育预测应更多地从客观数据出发，不依赖于各种各样的前提设定，而是以各类海量教育数据为基础，应用各种数据分析工具，从中获得各种有价值的洞察，再将这些洞察转化为能够支撑教育管理者决策的依据。

同时，值得注意的是，在这样的过程中，数据是先于研究产生的，不会受到研究者的经验或者假设的影响。而且，数据的采集过程应该是全面的，而不是仅从某些特定的对象处采集部分数据，因为这可能带来数据的偏差。

总的来看，从过往的经验驱动向数据驱动转移，是数智时代的教育发展预测所必然面临的一个发展趋势。

2. 因果/相关关系预测方法将成为研究中的主流工具

从已有研究工作的方法上来看，时间序列预测方法和比较简单直接的回归方法应用较为广泛。在数据有限的前提下，这些是比较适用的方法。但是，应用这些方法的教育发展预测不足以反映教育系统中各种因素之间较为复杂的相互影响。

在数智时代，教育数据本身变得比以往更加丰富，传统的预测方法已逐渐无法适应新的数据分析要求。同时，以机器学习预测方法为代表的因果/相关关系预测方法能够更好地刻画教育系统的复杂性，而一些特定的方法还可以给出不同因素的作用，从而为相应的教育决策提供更充分的依据。

我们发现，不管是教育发展预测，还是其他领域的预测，因果/相关关系预测方法都已成了主流方法。因此，研究者必然要思考如何在教育发展预测中更好地应用因果/相关关系预测方法。

3. "融合"是未来教育发展预测的重要关键词

结合前两个方面的挑战，我们可以发现，想要在数智时代做好教育发展预测，必须处理好"融合"问题。这体现在如下两个方面。

一方面，数据需要"融合"。数智时代，教育数据的来源更加丰富。大量不同来源、不同层次的数据，必然要求"融合"。从不同数据来源获取的同一主体的数据，需要根据唯一主体进行融合；一个预测对象也可以融合不同层次的数据，以获得更加深入的洞察。尽管数据融合已经不是一个新鲜的概念，但是教育数据的融合仍然是一个具有挑战的话题。

另一方面，预测方法也需要"融合"。因果/相关关系预测方法虽然是主流的预测工具，但不足以解决所有的问题；时间序列预测方法依然可以用来支撑教育发展预测的研究，解决一些因素数据的外推预测问题。同时，情景规划、文本分析等手段也可以为教育发展预测提供助力，提供更加深入的分析洞察。当然，挑战在于，如何能够将不同的预测方法有机融合，更好地解决一个具体的预测问题。

本书针对研究生教育发展预测的研究工作，就是希望针对上述两个"融合"做一些有益的尝试，对研究生教育发展进行预测，也为相关的教育决策提供新的视角、新的观点。

第3章 研究生教育发展预测的多源多层次数据

进入数智时代，在研究生教育发展预测的研究工作中，数据的来源更加丰富。例如，政府机构和学校的统计数据、各类研究机构的数据、商业数据机构的数据，都可以用来为研究工作提供支持。与此同时，我们在研究中能够获取的数据层次也更多。比如，以往难以获取的学科数据甚至是教师、学生的个人数据，在数智时代的获取难度都明显下降。

在本章中，我们将首先论述在已有研究中所采用的单源单层次数据存在的局限性，以及应用多源多层次数据进行预测的必然性和可行性。然后，我们将按数据来源和数据层次对研究生教育发展预测中使用的数据进行系统梳理。最后，我们将讨论如何对采集到的数据进行有效的清洗和融合。

3.1 单源单层次数据向多源多层次数据的转变

进入数智时代，研究生教育发展预测工作中可以使用的数据越发丰富。因此，我们必然面临着从传统的单源单层次数据向多源多层次数据的转变。

3.1.1 单源单层次数据的局限性

已有的关于教育发展预测的研究工作，其数据来源、数据层次通常都比较单一。例如，在较为传统的教育预测中，研究者会使用某一省份过往的研究生招生规模数据对未来该省份的招生规模进行预测。这种方式会使研究存在着一定的局限性。

具体来看，我们可以从以下三个方面来理解这种局限性。

首先，数据层次的单一使得研究工作无法对教育发展进行全景性的刻画。如前文的例子，对某个省份研究生招生规模的预测可能仅考虑了该省过往的招生规模数据。但很显然，某个省份的招生规模会受到国家层面的经济政策、省份经济发展情况、省内各高校培养能力等各种不同层次因素的影响。因此，单一层次的数据无法对具体预测对象所面临的情景进行全面的刻画，进而会影响预测结果的可靠度和说服力。

其次，相对单一的数据来源无法对数据的真实性和可靠性进行验证。在研究生教育发展预测研究中，主要数据来源虽然可能有较强的公信力，但未必完全可靠。在数据采集、录入、清洗的过程中，都无法保证不会产生错误，而将错误数据代入预测模型之后，预测结果的可靠性也会随之下降。因此，在可能的情形下，有必要利用不同的数据来源对数据的真实性和可靠性进行验证。

最后，单一的数据来源无法刻画各种因素对预测对象产生的影响。在传统的教育发展预测研究中，多采用时间序列预测方法，也就是假设未来将要发生的情况仅与过去已经发生的情况相关，而通常忽略其他因素可能存在的影响。这当然有方法本身的限制。但同时，人们也意识到了时间序列方法存在的局限。在当前更加复杂的社会经济环境下，单一数据来源已无法有效支撑研究生教育发展预测的研究工作。

3.1.2 使用多源多层次数据的必然性和可行性

在数智时代，数据的来源不断丰富。因此，在研究中，使用多源多层次数据既是一种必然的发展趋势，同时也存在着现实的可行性。

1. 使用多源多层次数据的必然性

如前文所述，我们总结了单源单层次数据在研究生教育发展预测研究中的局限性。同时，随着数据的丰富和教育管理部门对决策要求的不断提高，使用多源多层次数据也成了一种必然。

一方面，各个层次的教育管理者对决策的科学性和精准性有了越来越高的要求。在从传统的偏经验决策、定性决策向实证分析、定量决策转换的过程中，教育管理者需要更加丰富的数据和模型结果来支撑其做出准确、有效的决策。基于单源单层次数据的预测研究虽然也能够提供一定的定量分析结果，但其固有的局限性，使得预测结果的说服力相对有限，也无法有效评估各类因素对预测对象产生的影响。多源多层次数据的来源更为丰富，涉及的数据关系更加复杂，代入合适的预测模型后，能够产生更加准确、更有说服力的预测结果。因此，使用多源多层次数据是教育决策发展过程中的一个必然结果。

另一方面，不同来源、不同层次的教育数据的获取难度下降，教育管理者可以获得足够丰富的数据为决策提供支持。随着信息技术的不断进步，数据采集、存储、清洗等变得越来越容易。在过往的研究生教育发展预测研究中，数据是限制预测结果的一个重要因素，而现在，政府部门、高校、研究机构、商业机构等都会采集并整理相关的研究数据，丰富数据的来源；同时，采集到的数据也会涉及国家、高校、教师、学生等不同的层面，形式立体化的数据层次。尽管目前国内在教育数据的采集过程中仍然存在着一定的问题（本章后文将进行详述），但数据获取难度的明显下降依然为在研究中采用多源多层次数据奠定了坚实的基础。

2. 使用多源多层次数据的可行性

在研究生教育发展预测研究中使用多源多层次数据，不仅是一种必然，同时也具备了极强的可行性。

一方面，数据资源可行。根据前文的论述，进入数智时代，能够获取教育数据的组织或机构变得更加丰富。政府部门、高校、研究机构、商业机构等都掌握了一定规模的、涵盖不同层面的教育数据。这些数据虽然不会全部开放，但是基于不同的研究目标，大多数时候研究者都可以获取研究过程中需要的数据。以本书的研究工作（依托于国家自然科学基金重点项目）为例，研究团队通过项目的参与方（包括教育部学位与研究生教育发展中心、北京理工大学研究生教育研究中心等）获取了一部分数据，同时还自行采集或爬取了一些研究中使用的数据，能够支撑研究工作的顺利完成。当然，一些相对微观且具有较强安全性要求的数据（如部分教学过程的数据）获取难度仍然较大。但这一类研究只要能够掌握一两所院校的数据即可获得一定的研究成果，所以仍然可以接受。此外，研究过程中还可以向商业机构购买研究所需的数据。总体上看，在研究生教育发展预测研究中使用多源多层次数据，从数据资源角度看是完全可行的。

另一方面，研究方法可行。从 20 世纪六七十年代开始，以"数据挖掘"为统称的数据分析手段不断涌现，为我们理解不同数据之间的联系奠定了基础。从 20 世纪八九十年代开始，"机器学习"的概念不断完善，新的模型和方法层出不穷。这些新方法的出现，使得各类预测研究能够跳出时间序列预测方法的限制，更加深入地探讨不同因素之间的相互影响。在教育预测领域，我们也发现，越来越多的研究工作开始应用机器学习方法进行预测，带来了很多新的视角和观点。同时，本书的研究团队在系统梳理机器学习的研究方法以及我们能够采集到的数据之后，认为机器学习工具可以有效支撑将多源多层次数据应用于研究生教育发展预测研究。因此，研究方法方面也是可行的。

3.2 数智时代的多源研究生教育数据

在本节中，我们将介绍研究生教育数据的几个主要来源，对其特点进行归纳和总结，并简要介绍本书的主要数据来源。

3.2.1 政府部门的数据

在教育预测的有关研究工作中，国内的政府部门是较为重要的一类数据来源。在我们的研究中，将国内政府部门的数据大体上划分为两类。下面将分别进行讨论。

1. 教育相关的数据

本书的研究过程中所采集的偏宏观层面（国家/省份层面）的数据，主要来自政府中与教育领域相关的部门。

这里，我们将本书研究中涉及的主要数据及含义罗列于表 3.1。

表 3.1　宏观教育领域数据项说明

数据项	主要含义
国家千人注册研究生数	一千人中注册研究生的数量，即在学研究生人数除以当年单位为千人的人口数所得数值
每百万人口博士学位获得者数量	一百万人口中获得博士学位的人口数量，即获得博士学位的人数除以当年单位为百万人的人口数所得数值
适龄人口数	特定年份适合本科、研究生入学的人口数
劳动年龄人口受高等教育比例	16～59 岁人口中接受过高等教育人口的比例
博士研究生毕业生数	特定年份博士研究生毕业人数
博士研究生在校生数	特定年份在读的博士研究生人数
本科生毕业人数	特定年份本科生毕业人数
硕士研究生毕业生数	特定年份硕士研究生毕业人数
人均受教育年限	对一定时期、一定区域某一人口群体接受学历教育（包括成人学历教育，不包括各种学历培训）的年数总和的平均数
国家财政性教育经费	公共财政预算教育经费、各级政府征收用于教育的税费、企业办学中的企业拨款、校办产业和社会服务收入用于教育的经费和其他属于国家财政性的教育经费

理论上，政府部门应该掌握最为全面和完善的教育数据。作为国家行政部门，相关政府部门有权力根据需要要求各高校填报相关数据。例如，过往历次教育部学科评估，都是要求各高校根据评估的要求，提供相应的各项数据。但是在研究过程中，我们发现各类教育数据存放在不同的政府部门，目前并没有打通。例如，教育部学位与研究生教育发展中心能够掌握准确的学位授予数据，从而能够提供各高校的研究生培养数量的信息。同时，该部门原则上也能够获得研究生的导师信息。然而，如果要进一步获取研究生和导师的科研项目的信息，就会发现这些数据散落于不同的机构中。例如，对于重要的科研项目来说，国家自然科学基金委员会掌握了全面的国家自然科学基金数据，而国家社会科学基金、科技部国家重点研发计划等项目的信息则由其他不同的政府部门管理，无法从一个渠道获得一位导师所负责的所有项目信息。

因此，虽然国内政府部门掌握了大量重要的教育数据，但在实际应用中必然涉及数据融合的问题。相关的内容，我们将在 3.4 节中再进行详细论述。

2. 其他领域的数据

在进行一些偏向于宏观层面的预测研究中，我们还使用了经济、科技、人口等不同领域的数据，作为影响预测结果的重要因素。这些数据的主要来源也是相关的政府部门。

在本书的研究中，涉及的主要数据如表 3.2 所示。

表 3.2　其他领域数据项说明

数据项	主要含义
各国 GDP	即国内生产总值，是一个国家（或地区）所有常住单位在一定时期内生产活动的最终成果
GDP 在世界范围内的占比	本国 GDP 与全球所有国家 GDP 总和的比值
国家研发经费投入	全社会研究与试验发展经费，是国家为促进科技发展而投入经费的绝对金额数值
国家研发投入占 GDP 的比重	全社会研究与试验发展经费与该年 GDP 之比，体现了国家对于科技发展的重视程度
按购买力平价计算的人均 GDP	用购买力平价汇率换算为国际元的 GDP。国际元的购买力与美元在美国的购买力相当。以购买力评价的 GDP 是一个经济体内所有居民生产者创造的增加值的总和加上任何产品税并减去不包括在产品价值中的补贴。计算时未扣除资产折旧或自然资源损耗和退化

这些数据基本上都是公开数据，由不同的政府部门掌握。在本书的研究工作中，只要能够根据数据要求确定其来源即可。不过，我们遇到的主要问题是，由于一些部门的信息化还不够完善，部分年份的数据可能存在缺失。这在一定程度上会对研究产生影响。

另外，在第 5 章中开展关于世界一流大学数量的预测时，我们还采集了其他一些国家的数据。这些数据的来源主要包括两个渠道。

（1）该国政府教育部门及其他部门的数据。理论上，前文中涉及的政府部门的数据，在其他国家功能对应的政府部门都可以获取。研究中存在的主要难点在于，不同国家政府部门机构设置有一定差异，确定可靠的数据出处存在一些挑战。

（2）国际组织的数据。类似于世界银行、国际货币组织这样的国际组织，拥有全球大量国家的经济、人口等方面的数据。这一渠道的优势在于，可以从一个出处获取多个国家的数据，而且统计口径是统一的、不需要汇率换算等。

作为研究生教育发展预测的一类主要数据来源，政府部门的数据为研究工作的开展提供了重要支持。特别是在解决宏观层面的研究生教育发展预测问题时，政府部门成了最主要也是最重要的数据来源。

3.2.2 高校的数据

理论上看，对于研究生教育发展预测研究，高校应该是绝大多数与教育相关的第一手数据的有效来源。

结合本书的研究工作，原则上，以下所列数据都可以以高校作为主要的数据来源（表 3.3）。

表 3.3 高校来源数据项说明

数据项	主要含义
学士学位授予数	学校授予的经过认可和承认的学士学位数量
硕士学位授予数	学校授予的经过认可和承认的硕士学位数量
博士学位授予数	学校授予的经过认可和承认的博士学位数量
正高级职称教师数量	正高级教师是教师职称中的最高级别职称。此处为某高校中拥有正高级职称的教师数量
副高级职称教师数量	副高级职称是高级职称中的一种级别，低于正高级职称。此处为高校中拥有副高级职称的教师数量
中级职称教师数量	中级职称是一种职称级别，在多数高校中对应的名称为讲师等。此处为高校中拥有中级职称的教师数量
博士研究生导师数量	指导博士研究生教师的数量
国际期刊论文总量	在国际公开发行的刊物上发表的论文总数
国内期刊论文总量	在国内各类期刊上发表的学术论文的总体数量,体现了高校在国内各类研究领域的科研水平
SCI 发文量	在 SCI（Science Citation Index）即科学引文索引所收录的各学科核心学术期刊发表的论文数量
SSCI 发文量	在 SSCI（Social Sciences Citation Index）即社会科学引文索引所收录的各学科核心学术期刊发表的论文数量
学术期刊论文被引频次	在期刊发表学术论文后,该论文被引用的频率和次数,代表了论文被该领域认可的程度,反映了其影响力和质量水平
高被引论文数量	在十年间累计被引用次数进入各学科世界前 1%的论文的总体数量
国家自然科学基金数量	获批国家自然科学基金资助的各类项目的数量,是衡量一个高校科研实力的重要指标
国家社会科学基金数量	获批国家社会科学基金资助的各类项目的数量,是衡量高校哲学社会科学的发展水平和科研实力的重要指标

续表

数据项	主要含义
一流学科数量	拥有的一流科研、产出一流学术成果、有一流教学、培养出一流的人才，为国家重大项目和地方重大研究问题建设引领发展方向的学科数量
博士论文总量	由攻读博士学位的研究生所撰写的学术论文的数量
硕士论文总量	由攻读硕士学位的研究生所撰写的学术论文的数量
专利申请总量	专利机构受理技术发明申请专利的数量，是体现科技创新活力的重要指标之一
专利授权总量	报告期内由专利行政部门授予专利权的件数，是发明、实用新型、外观设计三种专利授权数的总和

高校虽然是一个有效的数据来源，但数据获取的过程相对更加复杂。其原因主要包含如下两个方面。

首先，很多时候，高校其实并不是很多数据的直接拥有者。比如，论文、科研项目等数据，其作者或者负责人是作为个体的高校教师。对高校来说，需要将这些数据全部汇集起来，只有这样才有更加充分的利用价值。但是从我们了解的情况及研究经历来看，部分高校在整合教师个人数据方面做得仍然不是很到位，还存在较大的提升空间。

其次，与教师相关的数据很多都是公开的，即使高校不进行整合，实际上也有很多其他的获取渠道。但另外的一些高校数据，则涉及数据隐私和安全性的问题。例如，与学生相关的数据，可能包括学生的学习行为、学习成绩等。然而这些数据，高校通常是不会对外公开的。

因此，尽管理论上看高校是各类数据最丰富的一类数据来源，但是数据的获取难度反而较大。在研究中，通常只能采用手动下载或爬虫的方式获取数据，能够获得的数据量也比较有限。例如，在本书的研究中，我们为了能够对高校进入世界一流大学行列的时间和影响因素进行预测结果对比，从数十所高校下载了其关于"双一流"建设或世界一流大学建设的有关文件，并从中提炼与机器学习模型中识别出的影响因素相关的内容，进而对预测效果进行分析。

3.2.3　研究机构的数据

国内目前有一些针对高等教育或研究生教育的研究机构。这些研究机构也掌握了一定的数据。

在研究中，我们了解到，这些数据通常是由研究机构自行采集的。这些研究机构会根据自身的主要研究方向以及服务对象，有针对性地采集相关数据，作为研究工作或咨询报告的支撑。

例如，与本书研究团队密切合作的北京理工大学研究生教育研究中心（图3.1），多年来积累了大量与研究生教育有关的数据，并且将数据开放给一些合作者使用。

图 3.1　北京理工大学研究生教育研究中心主页（https://cge.bit.edu.cn）

对于这类研究机构来说，数据的完整性和可靠性是其面临的最大问题。在本书的研究过程中，我们也从上述研究中心获取了一些数据。但在使用中，发现个别院校的数据并不完整。

3.2.4　商业数据机构的数据

近年来，很多商业数据机构也开始提供与教育有关的数据，或者作为垂直的数据平台专门提供教育数据。

一个典型的例子是中国知网。在大多数人的印象中，中国知网是国内知名的论文数据库。中国知网也确实收集了国内大量的期刊论文、会议论文、学位论文等，为科研工作的顺利开展提供了重要的支撑。在本书的研究中，我们发现中国知网建设了"中国高校科研成果评价分析数据库"（图3.2）。该平台提供了各高校期刊论文、会议论文、专利申请与授权、国内基金资助项目、国家和省部级奖励等多类数据，不管是从时间范围上，还是从高等院校的覆盖范围上，都相当广泛。这些数据为相关的研究工作提供了重要支撑。而且，在本书研究工作采集数据的阶段，对于订阅了中国知网数据库的学校，该平台的数据可以免费访问使用。

图 3.2　中国高校科研成果评价分析数据库主页（https://cdap.cnki.net/cdap/gpk/platformHome）

　　另外一个典型的例子是青塔。青塔是国内知名的专注于高等教育领域和人力资源领域的数据科技公司。青塔开发了一系列与教育相关的数据产品，其中一款典型的数据产品是"全景云发展数据云平台"（图 3.3），其可以为高校建设的相关决策提供各种类型的数据。作为一个商业机构，青塔的大多数教育数据产品需付费使用。虽然青塔也提供了一些开放数据，但相对来说，不管是内容丰富性上还是时间跨度上都比较有限，无法支撑较为深入的学术研究。

图 3.3　全景云发展数据云平台主页（https://www.cingta.com/product/hdi）

　　从目前的情况来看，商业数据机构通过与院校合作、为其提供咨询或数据产品的方式能够采集到大量的数据，其数据的完整性甚至有可能超出政府部门乃至高校本身。

3.2.5　各个主要数据来源的对比

通过本书的研究工作,我们接触了大量的研究生教育数据来源渠道。表 3.4 对各个主要来源的特点及采集数据中面临的挑战进行了总结。

表 3.4　各数据来源对比

项目	政府部门	高校	研究机构	商业数据机构
主要数据	宏观层面的教育、经济、科技、人口等数据	高校层面的学生、教师、论文、科研项目、奖励等数据	宏微观层面的各类教育数据	宏微观层面的各类教育数据
数据特点	数据分散	数据丰富,但部分高校整合较差	数据与研究机构的研究方向和服务对象密切关联	数据规模大、项目全,可能公开,也可能需要付费
获取难易程度	较容易	较难	相对容易	容易
采集过程中面临的挑战	不同部门间的数据需要进行融合	难以直接从高校获得数据	数据的准确性和完整性有可能存在缺陷	可能需要付费

进一步,我们猜想,未来研究生教育数据的来源可能主要是如下两个方向。

其一,政府部门通过行政手段,能够获取对其管理工作有重要影响的高校数据。在实施国家大数据战略、推进数据要素基础制度建设的大背景下,政府部门可以通过行政手段从高校等研究生教育机构获取大量的数据,并且能够有效地保证数据的完整性和真实性。这必然将成为最为权威、可靠的研究生教育数据来源。我们相信,未来国家也会向研究者开放相关数据,为研究生教育方面的研究工作助力。

其二,商业数据机构通过向高校提供服务或付费的方式采集大量教育数据。从目前的发展趋势看,商业数据机构的数据完整性较好,对采集到的数据也进行了一定的清洗和融合,不管是院校进行决策,还是学者进行研究,其都有较为重要的价值。在未来,我们认为,商业数据机构将成为政府部门之外最重要的数据来源,其数据也将成为官方数据的有效补充和验证。只是对于大多数研究者来说,使用商业数据机构的数据可能需要付出更高的成本。

3.3　数智时代的多层次研究生教育数据

在 3.2 节中,我们系统地介绍了研究生教育数据的几类主要来源,以及这些数据来源的一些重要特点。但是，仅述及数据来源不足以说明数智时代研究生教育数据的另一类新特性，即多层次性。

在本节中，我们将按照从宏观到微观的层次描述研究生教育发展预测所涉及的多层次数据，并凝练其特性。

3.3.1　国家/省份层面的数据

在研究生教育发展预测工作中，国家/省份层面的数据有着非常重要的作用。例如，在本书第 5 章中，我们对中国在特定年份建成世界一流大学的数量进行预测，其中所使用的数据都是国家层面的数据（既包括中国的数据，也包括其他一些发达国家的数据）。在本书第 7 章中，我们对国内个别省份的博士研究生招生规模进行了预测，使用到了省份层面的数据。

值得注意的是，这一层面的数据主要来自 3.2.1 节中提到的各类政府部门（国内的和国外的）以及部分国际组织。类似地，在我们的研究中，这一层面的数据也可以划分为教育领域的数据和其他领域的数据。由于相关内容与 3.2.1 节基本类似，这里不再重复。

结合本书的研究工作，我们所使用的国家/省份层面的数据基本上都是公开数据。对于国内的数据，采集难度一般，只要能够找到数据归口管理的部门即可。对于其他国家的数据，则采集难度略大：一方面，不同国家对于同类数据的管理口径不一定一致；另一方面，有些数据需要通过世界银行之类的国际组织进行获取。

3.3.2　学校层面的数据

在研究生教育发展预测中，另一类被广泛使用的数据是学校层面的数据。在本书的研究中，不管是中国高校建成世界一流大学的预测，还是高校博士研究生招生规模的预测，都大量使用了高校层面的数据。

具体来看，高校层面的数据还可以划分为如下两个大类。

一类是直接与教师本人相关的数据。例如，论文数量、项目数量等数据，实际上与每一位教师的情况密切相关。如果能够掌握每一位教师的情况，整个高校的情况也就一目了然了。

另一类是与教师不直接相关的数据。例如，高校的在读学生数量、所获得的财政经费等。这些数据通常由学校的管理部门掌握。

在本书的研究中，涉及的学校层面的主要数据如表 3.5 所示。

表 3.5 学校层面数据项说明

数据项	是否与教师个体相关
学士学位授予数	否
硕士学位授予数	否
博士学位授予数	否
正高级职称教师数量	否
副高级职称教师数量	否
中级职称教师数量	否
博士研究生导师数量	否
国际期刊论文总量	是
国内期刊论文总量	是
SCI 发文量	是
SSCI 发文量	是
学术期刊论文被引频次	是
高被引论文数量	是
国家自然科学基金数量	是
国家社会科学基金数量	是
专利申请总量	是

结合本书的研究工作，我们发现，学校层面的数据获取难度相对较大。高校虽然应是学校层面数据的重要来源，且大多数高校会在学校主页上有一定程度的数据公开，但这些数据难以支持深入的研究工作，原因有如下两点。

（1）公开的数据类型比较有限。一般来说，学校公开的数据主要包括学生数量、教师数量、校园面积、研究经费等数据。其他一些比较重要的数据，如论文数量、获奖数量等，不一定会公布。

（2）公开的数据通常为截面数据。换句话说，学校公开的数据通常是一个特定时间点的数据。但当我们开展预测工作时，采集时间序列上的数据对研究格外重要。

政府部门和一些研究机构也掌握了部分学校层面的数据，但如果数据没有公开或者与相应的政府部门或研究机构未能建立合作关系，则获取学校层面的数据也存在着比较大的难度。相对来说，商业数据机构掌握着比较丰富的学校层面的数据，但使用这些机构的数据通常需要支付一定的费用。

在本书的研究中，我们主要通过所依托的国家自然科学基金重点项目的合作机构获取了部分学校层面的数据。同时，我们还通过中国知网的"中国高校科研成果评价分析数据库"采集了大量的数据，有效支撑了研究工作的顺利开展。

3.3.3　学科层面的数据

学科作为研究生培养的重要单位，有着非常重要的地位。近年来，无论是国内还是国外，围绕学科开展的评估等工作变得越来越多。在国内，教育部于2020 年启动了第五轮学科评估；而 QS（Quacquarelli Symonds，夸夸雷利·西蒙兹）公司每年也会定期发布全球范围的大学学科排名。

学科层面的数据与学校层面的数据较为类似。简单理解，表 3.5 所列出的各数据项原则上都可以直接迁移到学科层面。同时，学科层面的数据也可以按照是否与教师个体相关，再划分为两个不同的类别。

但对比学校层面的数据，我们发现，学科层面的数据获取难度更大。例如，在文献调研环节中，我们就已经发现基于学科层面的研究工作极为稀缺，从侧面佐证了学科层面的数据获取难度较大。

在国内，各高校公开学科层面的数据相对较少，而政府部门虽然掌握了一些数据（如在历次教育部学科评估中由各高校填报的数据），但这些数据并未公开，完整性和有效性也没有完全的保证。例如，在本书作者开展的另外一项研究工作中，通过教育部某部门的数据库采集了一些数据，但是在清洗数据的过程中，发现存在着数据缺失、数据不合理的情况，这在一定程度上会影响研究的效果。

此外，部分商业数据机构掌握了一定的学科层面的数据，但由于其商业性本质特征，数据的开放性欠佳，使用这些数据需要支付比较高的成本。

长期来看，在"双一流"建设的大背景下，立足于学科层面的研究工作的重要性将与日俱增。因此，学科层面数据的进一步采集、整理、公开，还需要从国家和高校层面投入更多的精力。

本书的研究工作目前没有涉及学科层面的预测研究。如果能够获取合适的数据，相关的研究问题和研究方法原则上都可以从学校层面迁移到学科层面。

3.3.4　教师和学生个体层面的数据

进入数智时代，教育数据最大的增量来自教师和学生个体层面的数据。如本书第 1 章中所论述，信息技术的进步使得日常能够采集的数据越来越多，其储存和检索也变得更加容易。在教育领域，教师和学生个体层面的数据不断丰富，为相关的研究工作带来了更多的可能性。

1. 教师个体层面的数据

从目前的情况来看，教师的个体数据相对来说比较丰富且容易获取。例如，国内很多高校都有教师的个人主页（通常包括个人的基本情况、论文、科研项目、获奖情况等），而且不少教师也会时常更新主页的内容。可以说，一个认真维护的教师个人主页就是最好的数据来源。站在研究者的视角，只要从网页上爬取相关信息，就可以开展相应的研究工作。挑战在于，教师个人主页的信息可能不够完整，也不一定会及时更新。

与此同时，还有一类专属于教师的社交网络，也能够提供丰富的信息。典型的例子是 ResearchGate 网站（https://www.researchgate.net）。教师注册后，该网站能够自动追踪教师发表的论文，同时教师还能够增加自己的科研项目等信息。更为重要的是，该网站还是一个教师之间的社交网络，每个教师都可以关注他人，也可以被其他人关注。那么，基于社交网络的特征，就可以对教师的影响力等指标进行更加深入的研究。由于该网站的信息基本上是完全公开的（至少注册之后可见的信息非常丰富），能够为研究工作带来很多便利。不足之处在于，该网站是英文的，虽然有很多国内学者在该网站注册，但该网站对中文论文、中文项目的支持很差，而国内目前尚没有类似的网站。

2. 学生个体层面的数据

近年来，学生的个体数据也越发丰富，并且被广泛地应用于研究中。

一方面，很多学校会通过信息化的方式采集学生的各类信息。例如，新冠疫情期间，学校通过自建系统由教师线上授课，学生可以通过直播观看，也可以自行回看。学生的观看过程会形成大量的学习行为数据。同时，学校掌握着学生的课程数据、图书借阅数据等多种数据。通常来说，学校是学生个体教育数据最主要的来源。但是，对于研究者来说，获取学校掌握的学生数据难度较大。很多学校会根据自身掌握的学生数据来开展学生特征画像、学业预警等数据分析工作，但考虑到数据隐私和安全性，学校通常不会将学生数据开放。

另一方面，很多老师在教学过程中会使用教学辅助软件，这些软件也能够采集很多学习过程的数据。例如，清华大学开发的"雨课堂"是一款 PowerPoint 的插件，可以在 PPT 中插入各种类型的题目，还可以通过学生登录和答题的情况反映学生的学习效果，在很多高校课堂中被广泛采用。同样地，这些软件所采集的数据通常也不是公开的。因此，外部的研究者想要利用这些数据开展研究工作存在着较大的障碍。

在数智时代，这些个体层面教育数据的丰富，为研究生教育发展预测带来了更多的可能性。例如，从教师层面，可以通过对其各类数据的广泛采集，预测教师未来的发展路径；而在学生层面，通过获取其学习行为数据、课程数据等，可以对学生的课业情况进行预警。这些研究都具有重要的意义。

　　本书的研究没有涉及教师和学生个体层面的预测工作。教师和学生个体层面的数据量级与其他层面相比会更大，研究所采用的方法也会有明显的差异。对于这些内容，本书不进行阐述。有兴趣的读者可以参考研究个体行为预测的专著或者文献。

3.3.5　各个不同数据层次的对比

　　结合前文的梳理，我们将各个不同层次的数据进行对比（表 3.6）。

表 3.6　各数据层次对比

项目	国家/省份层面	学校层面	学科层面	教师和学生个体层面
主要来源	政府部门、国际组织	学校主页、政府部门、研究机构、商业数据机构	目前缺乏有效的数据来源	教师个人主页、ResearchGate 等社交网络、学校内部数据库
获取难易程度	较容易	较难	非常难	不同来源难易程度差异大
采集中面临的主要挑战	不同部门间的数据需要进行融合	数据完整性差、使用商业数据机构的数据可能需要付费	没有合适的数据来源获取数据	个体层面数据量级很大、学生个体数据难以采集

　　在本书的研究工作中，我们主要应用国家/省份层面和学校层面的数据开展研究工作。从严格意义上来说，我们的研究只涉及了更为宏观的一些典型的研究生教育发展预测问题。

　　从数智时代的基本特征来看，数据的最大增量来自教师和学生个体层面。在教育教学过程中生成的大量数据，为各种微观层面的研究生教育发展预测带来了丰富的可能性。比如，可以结合教师的个人主页、社交网络等，对教师的学术影响力、发展路径等进行预测；根据学生的学习行为数据、图书借阅数据等，可以对学生的学习情况（如课程成绩）进行预测。这些预测研究能够为学校、院系层面的管理者提供重要的决策支持，也是一类非常有意义的预测研究工作。我们期待着在未来能看到更多微观层面的教育预测研究。

3.4　数据的清洗与融合

　　在 3.2 节和 3.3 节中，我们介绍了数智时代研究生教育发展预测的多源多层次数据，总结了基本特征。

在具体的研究工作中，研究团队通过不同的渠道采集了大量的研究数据。这里将结合本书的具体研究工作说明研究生教育数据的清洗和融合方法。

3.4.1　数据的清洗

一般来说，数据清洗包括去除重复数据、填补缺失值、处理异常值和转换数据格式等操作，目的是提高数据的准确性和可靠性。

对于本书研究中采集的数据，由于不包括相对微观层面的数据（如 3.3.4 节中涉及的数据），所以数据量的绝对值并不算大。也正是因此，我们没有使用更加复杂的工具，主要依赖 Excel 完成了各项数据的清洗工作。

1. 去除重复数据和填补缺失值

虽然研究中的数据来源比较可靠，但是在研究中我们也发现了一些存在重复的数据和数据缺失的情况。

由于我们的数据都是存放在 Excel 表格中，只要直接调用其中的条件格式功能就可以筛选出所有重复的数据。对于缺失值，由于数据量有限，很多情况下无法对缺失值进行填补。因此，对于存在缺失值的情况，我们只能将相对应的数据完全删除。

2. 处理异常值

处理异常值有很多统计领域的方法，很多教材或专著中都有详细介绍，这里不再赘述。

围绕研究生教育发展预测中可能会使用到的数据，我们认为，结合经验的异常值处理仍然有非常重要的作用。例如，我们通过不同来源采集了高校的导师数量、国内期刊论文发表数量等数据。但是，一些国内高水平高校的数据明显存在疑问，如中国人民大学的博士研究生导师和硕士研究生导师数量与同级别高校相比明显偏少。

针对这类情况，我们首先根据自身的判断挑选出存在异常的数据，然后再邀请国内研究生教育领域的学者进行确认。若数据确实存在问题，并且还有其他数据来源，则可以尝试进行验证；否则，就只能删除存在异常的数据。

通过上述手段，我们对采集到的研究生教育数据进行了清洗，获得了能够用于不同预测模型的数据。

3.4.2　数据的融合

数据融合，一般是指针对同一目标在不同特征上的冗余性、互补性信息通过某些方法进行优化组合，对多源数据进行综合分析与计算处理，从而得出对该特定目标更加准确、全面的表述，以提高数据的使用效率和效果。

在研究生教育发展预测的数据采集过程中，有多种不同的数据来源，自然也就涉及了数据融合的问题。

具体来看，我们认为，目前有关研究生教育发展预测的研究中，需要进行数据融合的目标大体上有如下两类。

一类是关于高校的数据。如前文所述，各类数据来源中可能都会包含高校的数据。因此，在从多个来源采集高校的数据后，需要进行数据融合。一方面，对存在异常的个别数据进行对比验证；另一方面，可以构建一个更加完整的描述高校情况的数据集。

另一类则是教师的数据。同样地，教师的个体数据可能来自教师个人主页，也可能来自 ResearchGate 这一类的网站。部分专业数据机构也会采集教师的个人数据。这些不同来源的数据，也有进行融合的必要，以形成针对教师个体的全面画像。

具体到本书的研究工作，我们主要对高校的数据进行了融合。由于研究中涉及的数据量绝对值并不算很大，所以我们并没有采用复杂的数据处理工具，而是主要通过 Excel 软件采用人工处理的方式进行了数据融合。

通过数据清洗和融合，我们生成了应用于本书研究工作的研究生教育数据。这些数据支撑完成了本书第 5 章到第 8 章的研究工作。在后面的这四章中，我们将详细介绍不同模型涉及的数据、相应的数据来源等内容。

第 4 章　研究生教育发展预测的多方法融合

在第 2 章中，我们回顾了人类社会发展历史中曾经被广泛采用的多种预测方法。可以说，这些预测方法充分适应了当时的社会现状以及技术水平。同时，我们也梳理了教育发展预测中常用的预测方法，指出了数智时代的教育发展预测面临的重要挑战。

在本章中，我们将首先论述在教育发展预测中采用单一方法预测的局限性及多方法融合的必然性和可行性；其次，将介绍本书研究工作中采用的两类主要预测方法和两类支撑预测方法；最后，我们将讨论如何将不同的预测方法进行有效融合。

4.1　单一方法预测向多方法融合预测的转变

在查阅文献的过程中，可以很明显地发现，过往的有关教育预测的研究工作，采用单一预测方法的文献较多。进入数智时代，随着可采集数据的不断丰富、机器学习方法的日益成熟，多方法融合预测成了一种必然的发展趋势。

4.1.1　单一方法预测的局限性

在相当长的一段时间内，关于教育预测的研究通常是以单一的预测方法为核心的。在能够获取的数据非常有限的阶段，只采用单一的预测方法是必然的，也是合理的。但是，进入新的时期，在研究生教育发展预测中采用单一方法就显示出了比较明显的局限性。

我们认为，这种局限性主要体现在以下两个方面。

首先，内外部环境的变化，使得传统的时间序列预测思想不再完全适用。在文献调研中，我们发现，早期教育领域的预测研究以应用时间序列预测方法为主。这需要一个前提假设，就是预测目标的未来发展与之前的状况存在着必然的联系。但是，我国目前所面临的内外部环境与之前一二十年有了比较明显的变化，不仅经济增速有所放缓，人口发展趋势的逆转（2022 年中国出现了人口总量的负增长）也必然对教育领域产生直接的影响。因此，尽管时间序列的预测思想仍然可以应用到一些特定的预测问题上，但其不足以反映更加复杂的内外部环境变化，特别是经济、人口等因素对教育领域的影响。

其次，单一方法预测无法很好地呈现预测对象与影响因素之间的相互关系。正如前面所分析的，由于内外部环境的变化，研究生教育发展预测的目标会受到各种因素的交互影响。时间序列方法无法呈现其他因素（如经济发展情况）对预测对象的影响；机器学习方法虽然能够分析各个因素和预测对象之间的关系，但是对未来各个因素的变化趋势预测无能为力。因此，采用单一方法进行预测存在着天然的限制，不同的方法融合互补才是数智时代开展研究生教育发展预测的必然选择。

4.1.2　多方法融合预测的必然性和可行性

正是由于单一方法预测存在的局限性，我们提出，数智时代的研究生教育发展预测应是多方法融合预测。这种发展趋势的必然性，可以从两个方面来理解。

一方面，单一方法预测不足以解决复杂环境下的预测问题。如前文所述，传统上使用较多的时间序列预测方法无法描绘不同因素与预测对象之间的相互关系；而新近采用的机器学习手段又无法预测各因素在未来的发展情况。其他的一些方法，在教育预测领域的应用也都比较有限，难以通盘解决研究生教育发展预测问题。因此，将多种不同的预测方法进行融合，既分析各种因素对预测对象的影响，也关注时间维度上的变化趋势，是数智时代研究生教育发展预测的必然选择。

另一方面，多方法融合预测能够为预测结果提供更强的解释力。从不同预测方法的可解释性上看，传统的时间序列预测方法具有较好的可解释性；但部分机器学习方法的原理近似于黑箱，预测结果的可解释性有待提高。因此，采用单纯的机器学习方法进行预测存在着解释力上的潜在挑战。所以，我们在研究中将不同的预测方法进行融合。一方面，针对不同的预测问题，选择合适的机器学习方法可以增强可解释性；另一方面，融入时间序列、情景规划等其他手段，可以对预测结果进行更深入的分析，提升可解释性。因此，多方法融合预测成了我们研究中的一个必然选择。

更加重要地，针对研究生教育发展预测的多方法融合研究已具备了极强的可行性，体现在如下两个方面。

首先，信息技术的进步使得研究生教育数据的采集更加便利，数据项更加丰富。在第 3 章中，我们已经介绍了数智时代研究生教育发展预测中涉及的多源多层次数据。可以发现，不管是从数据来源上，还是在数据层次上，进行研究生教育发展预测可资利用的数据极大丰富。一些新的预测方法，特别是机器学习相关的工具，对数据（特别是数据量）有一定的要求。所以，数智时代相对丰富的数据为使用多方法融合预测创造了重要的前提条件，使得我们的研究工作具备了充分的可行性。

其次，各种类型的数据分析和预测工具不断成熟，为数智时代的研究生教育发展预测工作提供了新的研究手段。近年来，机器学习的基础理论不断成熟，相关的研究工具已开始逐步被应用到教育领域的研究中，取得了较好的效果。此外，时间序列方法、情景规划等研究工具也都经历了时间的检验，是非常成熟的预测研究工具。尽管采用多方法融合的手段来解决教育领域的预测问题还相对较少，但是基于这些成熟的预测方法，我们相信能够有效解决数智时代的研究生教育发展预测问题。

在本书开展的研究工作中，我们采用了两类主要的研究方法：时间序列方法和机器学习方法。这两类方法是目前在预测研究领域应用得最为广泛，同时也是比较成熟的方法。此外，为了增强预测结果的可解释性、提供更多有价值的政策建议，我们在研究中还引入了情景规划和文本分析作为支撑方法。

在本章后续的内容中，我们将分别对两类主要的研究方法和两类支撑方法进行介绍，解释其特征以及将其应用于研究生教育发展预测研究中可能面临的挑战。本章最后，介绍我们的研究工作是如何将这些不同的预测方法融合到一起的。

4.2　主要预测方法：时间序列

时间序列预测方法是较早的一种定量预测方法，在诸多领域得到了广泛应用。在教育预测领域，时间序列方法也是被广泛采用的一种方法。

在本节中，我们将重点介绍三种常见的时间序列预测方法，并归纳其应用于研究生教育发展预测研究的适用性。

4.2.1　指数平滑方法

指数平滑方法是一类最为常用的时间序列预测方法，可以进一步划分为一次指数平滑、二次指数平滑（Holt 模型）和三次指数平滑（Winter 模型）三种具体的模型，其分别对应不同的预测场景。

在一般的预测研究中，我们认为

$$观测到的数据（O）= 系统成分（S）+ 随机成分（R）$$

其中，系统成分是我们采用不同预测方法可以去分析的部分，而随机成分是自然发生、无法被人为因素影响的。

对于系统成分的分析，目前广泛采用的定义方式如下：

$$系统成分 = (水平 + 趋势)×季节性因素$$

这种描述系统成分的方式也被称为混合型模型。其中，季节性因素指的是某些预测对象随着时间推移呈现出的明显变化规律。例如，在需求预测场景下，一些特定产品的需求（如羽绒服）随着季节更替呈现的需求高峰和低谷的特征。

为了更好地解释这三种模型，给出符号说明如表 4.1 所示。

表 4.1　指数平滑方法符号解释

符号	含义
L_t	第 t 期的水平估计值
T_t	第 t 期的趋势估计值
S_t	第 t 期的季节性因素估计值
F_t	第 t 期的预测值
D_t	第 t 期的实际观测数据
$E_t = F_t - D_t$	第 t 期的预测误差

在指数平滑方法下，每一期观测到实际数据之后，都会相应更新水平、趋势和季节性因素的估计值。简单起见，在下文中，我们只介绍这几个具体模型的更新公式。更多的细节可以参考其他介绍预测方法的教材或专著。

1. 一次指数平滑模型

一次指数平滑模型适用于预测对象没有明显的趋势性或季节性的情况。所以，这里只需要更新每一期的水平估计值即可。其更新公式为

$$L_{t+1} = \alpha D_{t+1} + (1 - \alpha)L_t$$

其中，α（$0 < \alpha < 1$）被称为水平估计值的平滑系数。很显然，α 越大，意味着在更新过程中实际观测数据的影响越大。所以，相应的预测值为

$$F_{t+1} = L_t$$

一次指数平滑模型是一种简单且易用的预测模型，但由于其无法描述预测对象的发展趋势和季节性特征，所以使用范围相对狭窄。

具体到研究生教育发展预测，我们认为一次指数平滑模型并不适用。这是因为我们所面对的预测问题，必须要考虑到预测对象未来的发展情况。

2. 二次指数平滑模型

二次指数平滑模型也被称为趋势调整的指数平滑法或者 Holt 模型，适用于系统成分中仅包括水平和趋势，但不存在季节性因素的情况。其更新公式如下：

$$L_{t+1} = \alpha D_{t+1} + (1 - \alpha)(L_t + T_t)$$

$$T_{t+1} = \beta(L_{t+1} - L_t) + (1-\beta)T_t$$

其中，α 和 β 分别为水平估计值和趋势估计值的平滑系数，介于 0 到 1 之间。需要注意的是，更新过程需要先给出水平的估计值，才能进一步得到趋势的新的估计值。所以，相应的预测值为

$$F_{t+1} = L_t + T_t$$

由于二次指数平滑模型考虑了预测对象的发展趋势（可以增长也可以下降），因此该模型有更加广泛的适用范围。例如，如果判断某种新上市的产品的市场需求呈现有规律的变化趋势，就可以采用二次指数平滑模型进行需求预测。

在研究生教育发展预测中，二次指数平滑模型也有一定的应用空间。其适用的前提是我们可以判断某个具体预测对象在未来一段时间内的发展趋势。

3. 三次指数平滑模型

三次指数平滑模型也被称为趋势和季节调整的指数平滑法或者 Winter 模型，适用于系统成分中包含水平、趋势和季节性因素的场景。其更新公式如下：

$$L_{t+1} = \alpha(D_{t+1}/S_{t+1}) + (1-\alpha)(L_t + T_t)$$
$$T_{t+1} = \beta(L_{t+1} - L_t) + (1-\beta)T_t$$
$$S_{t+p+1} = \gamma(D_{t+1}/L_{t+1}) + (1-\gamma)S_{t+1}$$

其中，α、β 和 γ 分别为水平估计值、趋势估计值和季节性因素估计值的平滑系数，介于 0 到 1 之间；p 为季节性因素一个循环的时期数。因此，相应的预测结果为

$$F_{t+1} = (L_t + T_t)S_{t+1}$$

三次指数平滑模型考虑的影响因素最为全面，对于一些特定的场景有较好的适用性。例如，对于羽绒服这类呈现明显季节性需求的产品，可以使用三次指数平滑法来进行需求预测，效果较好。

但是，三次指数平滑模型不适用于研究生教育发展预测研究。主要原因在于，研究生教育发展预测的主要研究对象都没有呈现出明显的季节性。

通过前文的总结，只有二次指数平滑模型相对来说适用于研究生教育发展预测研究。但是在与其他时间序列模型的对比中，其优势并不突出。因此，在本书的研究工作中，我们并未采用指数平滑方法进行预测。

4.2.2　灰色预测模型

灰色预测模型是通过少量的、不完全的信息，建立数学模型并做出预测的一种常用的预测方法。

这里，我们以灰色预测模型中最常用的 GM(1, 1)模型为例，来简要说明其应用过程。

GM(1, 1)模型预测流程如下。

假设目前已知预测对象过往的 n 个观测值，分别为 $x^{(0)}(1), x^{(0)}(2), \cdots, x^{(0)}(n)$。

首先，通过级比检验来确定是否可以应用 GM(1, 1)模型来进行预测。若检验不通过，可以通过数据平移进行调整；若仍无法通过检验，则只能考虑选择其他模型进行预测。

其次，通过以下公式累加数据生成新的序列，以建立更加明显的规律趋势。

$$x^{(1)}(k) = \sum_{i=1}^{k} x^{(0)}(i), \quad k = 1, 2, \cdots, n$$

再次，基于该累加序列构建一阶常微分方程，并应用最小二乘法求解该方程中的未知参数（原序列和累加序列数据已知）。在此基础上，求解该一阶常微分方程。

最后，对求解结果进行残差检验。若残差检验通过，则可以利用该方程进行预测；否则，考虑更换其他模型进行预测。

需要说明的是，灰色预测模型（主要是 GM(1, 1)模型）适用于数据较少且没有明显规律性的预测场景，但只适合进行短期预测且对累加序列的形式有一定的要求。

具体到研究生教育发展预测研究中，我们发现，尽管理论上数智时代可以获得的研究生教育数据更加丰富（见第 3 章），但是由于一些偏向于宏观层面的数据积累还比较有限（如 GDP、国家人口平均受教育年限等），因此，灰色预测模型仍然可以应用到这些场景中。

后文的预测研究案例（第 6 章和第 8 章）中，为了能够得到较好的指标数据的外推结果，我们都使用了 GM(1, 1)模型进行预测。

4.2.3　ARIMA 模型

另外一类比较常用的时间序列模型为 ARIMA 模型。自回归（autoregressive，AR）模型、移动平均（moving average，MA）模型和自回归移动平均（autoregressive moving average，ARMA）模型都可以视为 ARIMA 模型的特例。

与 4.2.2 小节中 GM(1, 1)模型的思路相反，ARIMA 模型是通过差分的方式来寻找时间序列数据之间的趋势性和规律性的。ARIMA 模型有三个主要参数，分别为 p、d 和 q。其中，p 为自回归项数，表示预测模型中采用的时间序列数据本身的滞后数；d 为使之成为平稳序列所做的差分次数（阶数）；而 q 为滑动平均项数，即预测模型中采用的预测误差滞后数。

更具体地，该模型的数学形式为

$$X_t = c + \alpha_1 X_{t-1} + \alpha_2 X_{t-2} + \cdots + \alpha_p X_{t-p} + \varepsilon_t + \beta_1 \varepsilon_{t-1} + \beta_2 \varepsilon_{t-2} + \cdots + \beta_q \varepsilon_{t-q}$$

其中，α_i（$i = 1, 2, \cdots, p$）为各时间序列回归项的系数；β_j（$j = 1, 2, \cdots, q$）为滑动平均项的系数。

具体的预测过程包括如下几个步骤。

首先，观察已获取的观测数据序列是否满足平稳性的要求，可以通过 ADF（augmented Dickey-Fuller，增广迪基–富勒）检验判断序列是否平稳。若不满足平稳性的要求，通过 d 阶差分将其转化为平稳序列。

其次，对获得的平稳序列进行偏自相关分析和自相关分析，初步确定 p 和 q 的取值。在此基础上，根据赤池信息准则（Akaike information criterion，AIC）和贝叶斯信息准则（Bayesian information criterion，BIC）最终确定最优的 p 和 q。

最后，通过模型和参数的显著性检验以确认 ARIMA(p, d, q) 是否符合要求。

总体上看，ARIMA 模型较为简单易用，适用于稳定（或者差分后稳定）的时间序列数据，且结果具有良好的可解释性。但该模型无法描述非线性发展趋势，影响了其使用范围。

具体到研究生教育发展预测的研究，我们通过对数据的分析发现，对于某些预测问题（如后文一些章节涉及的指标外推步骤），使用 ARIMA 模型进行预测的误差相对比较小。这主要是由于我们所采集的部分数据，在特定的时间段内呈现出较为明显的趋势性，所以，应用 ARIMA 模型可以获得较好的效果。

时间序列预测方法在教育领域中的应用相对比较广泛，虽然存在着一些局限性，但仍然有重要的应用价值。在本书的研究中，时间序列预测方法（主要是 GM(1, 1) 模型和 ARIMA 模型）仍然是我们采用的一类主要的预测方法，在与机器学习方法融合后，可以获得较好的预测效果。

4.3　主要预测方法：机器学习

从预测方法的机理角度来看，4.2 节中介绍的时间序列预测方法都是依赖于过往的历史数据对未来的情况进行预测。换句话说，必须能够获取预测对象过往的真实观测数据，才能开展相应的预测工作。

本节所介绍的几种方法，都属于机器学习的范畴，同时也都是分析不同因素间因果/相关关系的方法。也就是说，本节涉及的方法重点关注不同因素间的相互影响，用一个或一些因素的变化对某一个具体的因素或指标进行预测。

4.3.1　线性回归模型

回归方法是统计学中的常用方法，也是机器学习中的基础方法。实际上，机器学习与统计学之间有着非常紧密的联系。

这里，首先要提到的就是多元线性回归。这也是我们在统计学的课程中都会学习到的基础模型。从预测的视角看，多元线性回归模型可以描述自变量（各种影响因素）与因变量（预测对象）之间的关系。其数学表达式如下：

$$y = w_1x_1 + w_2x_2 + \cdots + w_nx_n + b$$

其中，y 为预测对象的观测值；$x_1, x_2, \cdots, x_n$ 为已采集的影响因素数据；$w_1, w_2, \cdots, w_n$ 和 b 为通过学习过程需要确定的参数值。

结合统计学的基本理论，我们知道对于上述多元线性回归模型，应用最小二乘法就可以得到 $w_1, w_2, \cdots, w_n$ 和 b 的数值。最小二乘法是统计学中的基本方法之一，这里不再对其原理进行介绍。进一步，当采集到新的 $x_1, x_2, \cdots, x_n$ 之后，就可以获得相应的预测值。

多元线性回归模型只是一种最简单的线性回归模型。为了能够应对更加复杂的问题，常用的线性回归模型还有如下几种。

1. 逻辑斯蒂回归

简单理解，逻辑斯蒂回归（logistic regression）模型就是在多元线性回归的基础上加上了 Sigmoid 函数，将数据映射到 0～1，方便计算损失函数。一种常见的 Sigmoid 函数是对数几率函数，形式如下：

$$y = \frac{1}{1 + e^{-z}}$$

该函数可以将任意的 z 转化为接近 0 或 1 的 y 值，并且该值在 $z = 0$ 附近变化速率最快。

虽然这种模型名称叫作逻辑斯蒂回归，但实际上这种模型常用来进行分类预测，也就是判断在某些给定因素下，预测对象的结果"是"或者"不是"某种情况。

逻辑斯蒂回归可以直接对分类可能性建模，无须事先假设数据分布，从而避免了假设分布不准确带来的问题；此外，逻辑斯蒂回归不仅可能得到分类结果，还可以得到近似概率预测，这对一些需要使用到概率的决策有重要价值（周志华，2016）。

2. LASSO 回归

如果我们用 w 和 x_i（$i = 1, 2, \cdots, k$）分别代表系数和已采集到的影响因素向量（共 k 组已采集到的数据），则对于前文最一般的多元回归模型，应用最小二乘法的目标是最小化如下的损失函数（或者误差）：

$$\text{Cost}(w) = \sum_{i=1}^{k} (y_i - w^{\text{T}} x_i)^2$$

LASSO（least absolute shrinkage and selection operator，最小绝对者压缩及选择算子）回归则是在上述损失函数的基础上增加了一个带有惩罚系数 λ 的 w 向量的 L1 范数作为额外的惩罚项。因此，在 LASSO 回归中，损失函数变为

$$\text{Cost}(w) = \sum_{i=1}^{k} (y_i - w^{\text{T}} x_i)^2 + \lambda \|w\|_1$$

相对于一般的多元线性回归模型，这里无法用最小二乘法直接对 w 向量进行求解。但是，可以采用坐标下降法、最小角回归算法等方法进行求解。相关方法本书不做具体介绍。

之所以会引入 LASSO 回归，是因为在一般的多元线性回归模型中，可能会出现过拟合的现象，进而影响模型的预测效果。然而 LASSO 回归增加了 L1 范数作为惩罚项之后，可以通过 λ 来影响模型的惩罚程度。λ 越大，对模型的惩罚力度就越大（注意，L1 范数是求绝对值），使得一些影响因素的权重变为 0，从而获得一个变量较少的回归结果。

因此，LASSO 回归可以起到影响因素筛选的作用，并且能够控制过拟合的情况。

3. 岭回归

岭回归（ridge regression）的形式与 LASSO 回归比较类似，都是在一般的多元线性回归的损失函数上增加额外的惩罚项。在 LASSO 回归中，增加的是 w 向量的 L1 范数；而在岭回归中，增加的是带有惩罚系数 λ 的 w 向量的 L2 范数的平方作为额外的惩罚项。所以，岭回归下的损失函数形式为

$$\text{Cost}(w) = \sum_{i=1}^{k} (y_i - w^{\text{T}} x_i)^2 + \lambda \|w\|_2^2$$

类似地，岭回归也有一些方法来求解使得损失函数最小的权重系数。本书不对这些方法进行介绍。

很显然，由于增加了惩罚项，岭回归也能起到防止过拟合的作用。但是，由于惩罚项是 L2 范数的平方，所以在岭回归之下，求得的权重系数通常接近 0，但不为 0。因此，与 LASSO 回归对比的话，可以发现，岭回归并不能起到筛选影响因素的作用。

作为一类基础的机器学习方法，线性回归模型使用简单，结果有较好的可解释性。尽管不能用来分析一些非线性场景，但是在研究生教育发展预测中，仍然有较好的适用性。

在本书的研究中，我们通常通过对多种不同机器学习方法的对比，来选择最适合特定问题的方法。线性回归模型也有其适用的场景。例如，在第 6 章分析国内具体高校是否能够进入世界一流大学行列时，实际上我们面临的就是一个分类预测问题。我们的研究发现，逻辑斯蒂回归模型的效果比较好。

4.3.2　决策树与随机森林

决策树是一类常用的机器学习方法，可以用来处理分类问题。直观的理解就是，我们可以通过一系列的判断，来做出一个最终的分类决策。

按照一般的理解，一棵决策树应该包含一个根节点、多个内部节点和多个叶子节点。所有的叶子节点应该对应的是分类决策结果，而其他的节点应是对某个属性的判断。构建一个好的决策树，就是要能够使得判断结果尽可能准确，而且使用的判断步骤尽可能少。

为了能够使得节点的划分尽可能有效，很多学者开发了不同的划分选择方法。一个典型的评价指标是信息增益（information gain）。这一指标利用信息熵（information entropy）的概念分析不同属性划分下所获得的信息增益。信息增益越大，说明针对某个属性进行划分的效果越好。

由于信息增益准则对可取值数目较多的属性有偏好，所以，还有其他一些常见的划分准则。比如，C4.5 算法使用"增益率"（gain ratio）来选择最优划分的属性，还可以使用基尼指数（Gini index）来选择划分的属性。本书不涉及相关技术细节，有兴趣的读者可以阅读机器学习领域的经典教材或专著。

决策树本质上还是一种分类方法，因此，决策树通常应用于解决与分类相关的预测问题。但是，决策树方法本身仍然存在着比较多的限制，所以，我们在本书的研究中并没有直接采用决策树方法，而是使用了一种基于决策树的集成学习方法——随机森林。

集成学习（ensemble learning）通过构建并整合多个个体学习器来完成学习任务。集成学习可以按照个体学习器间是否存在依赖关系划分为两类：一类的代表方法为 Boosting（个体学习器之间存在较强的依赖关系，需要串行工作），而另一类的代表则是 Bagging 和随机森林（random forest）。

因为随机森林可以被视为 Bagging 的一种变体，所以，这里先来简单介绍一下 Bagging 的原理。所谓 Bagging，就是基于自助采样法，进行给定数量样本的多次随机采样，形成多个采样集。然后，针对每一个采样集训练一个基学习器，再通过简单投票法等方式，归总给出最终的学习结果。随机森林则是以决策树为基学习器来进行 Bagging 集成，并在训练中引入随机属性选择。更具体地，针对基学习器的每个节点，从该节点的属性集合中随机选择一个包含给定数量属性（最少为 1，最多与全部属性的数量相同）的子集，再从该子集中进行最优划分。

从特点上来看，随机森林方法简单易行、对计算能力的要求不高，而且在很多场景下学习效果突出。同时，随机森林方法还具有良好的可解释性，可以分析出不同因素的影响。因此，随机森林是一种使用较为广泛的机器学习方法。

在本书的研究工作中，我们也在几类不同的预测问题中采用了随机森林方法，取得了较好的效果。但在研究中，我们也发现了这种方法存在的一些弊端。最主要的问题是，底层的决策树方法本质上还是一种分类方法。因此，在做数量预测时（如预测国内有多少所高校可以进入世界一流大学行列，而不是"是"或"否"的那种分类预测）需要对模型参数进行更加细致的调整。

4.3.3　神经网络

神经网络（neural network）是一种非常重要的机器学习方法。目前流行的很多机器学习工具（如深度学习、对抗神经网络等）和很多应用（如人脸识别、机器翻译等）的底层方法都是神经网络。

神经网络中最基本的组成部分是神经元模型。每一个神经元都可以根据接受的输入（可以来自外界，也可以来自其他神经元），经过加权计算与该神经元的阈值进行比较，再通过激活函数（activation function）产生输出。由于神经元的输出是加权计算结果与阈值进行比较得到的，所以原则上应使用阶跃函数作为激活函数。但是，阶跃函数不是连续函数，所以在神经网络模型中也经常采用 Sigmoid函数作为激活函数（图 4.1）。通过激活函数得到的输出，将成为后续神经元的输入，也可能成为最终的输出结果。

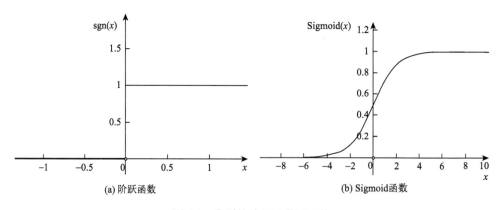

图 4.1　典型的神经元激活函数

最简单的神经网络模型是感知机（perceptron），只有两层神经元，学习能力比较有限。对于更加复杂的问题，则需要使用多层神经网络。典型的多层神经网络如图 4.2 所示。针对多层网络，一种常用的学习算法是 BP 算法，而 BP 神经网络通常指用 BP 算法训练的神经网络模型。这里，我们不对 BP 算法的细节进行介绍，但提供一个重要的结论：Hornik 等（1989）证明了，只需一个包含足够多神经元的隐层，多层前馈神经网络就能以任意精度逼近任意复杂度的连续函数。这意味着，在解决大多数问题时，只需要使用一个单隐层前馈网络即可。但这里的难度在于，如何确定隐层神经元的个数。很多时候，只能通过不断的尝试，来确定合适的神经元数量。

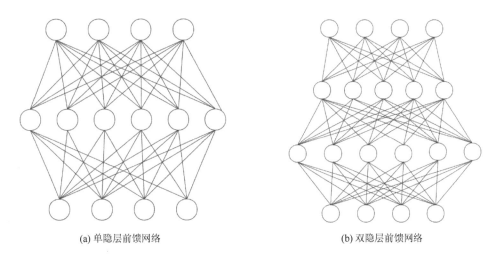

(a) 单隐层前馈网络　　　　　　　　　　　　(b) 双隐层前馈网络

图 4.2　多层前馈神经网络结构示意图

神经网络模型由于其超强的拟合能力，理论上可以解决各种复杂的学习问题。但是，我们无法获知每个神经元经过学习所确定的权重。这意味着，神经网络模型的可解释性相对比较差。这也是在使用神经网络模型时最需要注意的问题。

在研究生教育发展预测研究中，我们发现，BP 神经网络对于很多预测问题都能够获得较好的拟合效果（预测误差相对较小）。但是，由于其可解释性存在不足，因此我们在研究中没有单独采用该方法。更具体地，我们通过以下两种手段来应对神经网络的可解释性问题。

（1）在解决具体的研究生教育发展预测问题时，我们不会单独只采用 BP 神经网络方法，而是同时采用不同的机器学习方法进行预测，并将预测结果进行对比。通过比较，可以说明预测结果的合理性，也可以结合其他方法来对预测结果进行解释。

（2）采用一些支撑方法来丰富预测结果，提升结果的解释能力。例如，我们会将 BP 神经网络与情景规划（4.4 节将进行详细介绍）结合，给出不同情景下的预测结果，从而增强结果的说服力和可解释性。

除了前文介绍的三类机器学习方法之外，常用的机器学习方法还有很多种。由于在本书的研究中，未使用到其他方法，因此这里不再进行介绍和讨论。

有兴趣的读者可以参考周志华的《机器学习》或者李航的《统计学习方法》等教材或专著。

4.4 支撑方法：情景规划

情景规划（scenario planning）最早是一种战略规划工具，后来也被应用于预测工作中。

在二战结束后，美国国防部系统化地设定情景来帮助思考未来可能的军事规划。这通常被视为情景规划的最初起源。在此之后，基于情景的方法论在社会预测、公共政策分析、决策制定等不同方面都获得了长足的发展。如今，情景规划思想和工具在企业战略决策和国家层面的决策中广泛使用（Amer et al.，2013）。

根据情景规划之父 Herman Kahn（赫尔曼·卡恩）的定义，情景是"一组设定在未来的假设事件，旨在澄清可能的因果事件链及其决策点"（Kahn and Wiener，1967）。决策者需要结合这些情景阐述未来的各种可能性，给出企业或各类组织的可行选项，挑战主流的思维现状。值得注意的是，情景规划并不是直接预测未来，而是探索多种可能的未来情况，目的是扩展情景开发过程中参与者的思维范围。或者换句话说，情景规划并不是对最重要的事情进行预测，但它创造了一组合理的未来。

情景规划并没有完全统一的方法论和执行过程。不同的学者在其研究中提出了不同的情景开发和分析过程。一般意义上，情景开发和分析中必须要考虑的步骤包括：定义研究问题，识别有重要影响的驱动因素、利益相关者、发展趋势、约束等，对不同情景按重要性和不确定性排序，等等。

经过多年的研究和实践，目前已经有一些比较成熟的定量方法能够开发出多种潜在的场景，如趋势影响分析（trend impact analysis）、互动式未来模拟（interactive future simulation）等。同时，也有一些手段来帮助决策者确定需要考虑的不同情景数量，以及从开发出的多个场景中挑选出值得进一步研究的场景。在大多数问题中，选择 3 个到 5 个场景做进一步分析是比较合适的。此外，通常还需要通过分析合理性（plausibility）、一致性（consistency）、相关性（relevance）、新颖性（novelty）、差异性（differentiation）等来进一步对深入分析的场景进行确认（Amer et al.，2013）。

通过上述介绍，可以发现，情景规划可以帮助企业或者国家来进行战略分析，讨论一些极端场景下的发展路径或者应对方式，而这种思想可以很直接地迁移到预测研究中。由于未来面对着各种不确定性，所以预测结果不可能是准确的。因此，对一些特定场景的深入分析，可以帮助决策者判断预测结果的合理性，也可以探讨一些因素变化带来的影响。

在研究生教育发展预测研究中，由于涉及一些宏观层面的预测，所以面对的不确定性会更大。在具体的研究中（本书第 5 章和第 7 章），我们都引入了情景规划思想，对一些特定的场景做了进一步分析，以提供更有说服力的预测结果，为决策者带来更扎实的决策依据。所以，情景规划在本书的研究中是一类有重要作用的支撑方法。

4.5 支撑方法：文本分析

前文提到的两类主要预测方法和一类支撑性方法，都是针对数字数据所采用的研究方法。除了数字数据，常见的数据类型还包括文本数据、图片数据、音频数据、视频数据等。在本书的研究中，我们还涉及了对文本数据的处理，相关的方法可以统称为文本分析。

文本分析，从字面意义上来看，就是对文本数据进行分析，从中对特征进行挖掘并进行统计分析。需要注意的是，与数字数据不同，世界上的语言文字有很多种，所以文本分析方法也会存在比较大的差异。比如，中文是字符语言，词与词之间没有中断；而英文则是由字母组成的单词构成的，词与词之间由空格来分隔。那么，中文和英文的分词方式就完全不同。

由于本书的研究工作只涉及了中文语境下的文本分析，所以下面的介绍都是围绕中文文本分析展开的。

一般说来，文本分析大致上可以划分为三个层次，分别是文本统计分析、文本建模分析和文本语义分析。

文本统计分析主要是对文本中出现的词语进行统计分析。这里需要应用到一些典型的中文分词方法。常用的中文分词方法包括正向最大匹配法、逆向最大匹配法、最少切分法等。研究中，我们可以通过调用算法包或者使用软件的方式实现这些分词方法。例如，针对国内高校"双一流"建设文件的文本统计，我们直接使用了武汉大学开发的 ROST CM 6 软件。这是目前国内唯一的辅助人文社会科学研究的免费社会计算平台，可以用于中文文本的高频词统计、分析与可视化等。文本统计分析的主要应用场景包括词云生成、舆情分析等。

文本建模分析则是将文本数据数字化之后，结合机器学习模型进行分析。一个典型的应用场景是文本情感分析。例如，针对电商平台上海量的顾客评论，电商平台可以通过文本建模分析顾客对某一具体产品是否满意。将评论文本进行初步统计之后，可以应用适当的机器学习方法进行训练，形成的训练模型能够分析新出现的顾客评论中对产品是否满意。

文本语义分析则采用深度学习等更加复杂的机器学习模型进行训练，以从文本中挖掘出具有语义内涵的文本信息。典型的一类分析手段是主题模型（topic model），通常以非监督学习的方式对文集的隐含语义结构进行聚类。例如，可以将大量的论文输入到主题模型中，然后可以获得相应的输出，包括对这些论文主题的凝练以及每个主题相关的关键词。此外，Word2Vec 也是一类常用的工具，可以用来分析词与词之间的相似度。

在研究生教育发展预测的研究工作中，我们对文本分析做了初步尝试，主要利用了文本统计分析手段对国内高校"双一流"建设有关文件做了词频统计与可视化，依赖从中提炼的高频词帮助确定影响预测结果的潜在因素。因此，我们将文本分析作为研究中的一种支撑方法。

4.6　多方法融合预测的主要思想和实现手段

在本书的研究工作中，我们所涉及的多方法融合预测主要包括三种形式：机器学习与时间序列方法的融合、情景规划与机器学习方法的融合，以及文本分析与机器学习方法的融合。

下面我们将分别讨论这三种融合方式的主要思想和实现手段。

4.6.1　机器学习与时间序列方法的融合

如前文所述，机器学习方法可以用来学习不同因素之间的因果/相关关系，所以可以被广泛应用于预测研究中。例如，在后面章节的研究中，我们利用各国的经济发展情况、科技投入、人口素质等因素来预测中国有多少所高校能够进入世界一流大学行列。那么，通过应用合适的机器学习模型进行训练后，当我们能够获得这些因素的数据时，就可以代入模型对中国建成世界一流大学的数量进行预测。

需要注意的是，机器学习模型只是对不同因素之间的因果/相关关系进行学习。为了预测未来中国建成世界一流大学的数量，还需要对前面所列的各个因素在未来的数据进行预测。原则上，通过机器学习的方法也可以实现该目的，但是由于目前能够采集到的研究生教育数据比较有限，因此我们选择时间序列方法预测这些影响因素在未来的数据。

我们可以通过图 4.3 描述机器学习与时间序列方法的融合。

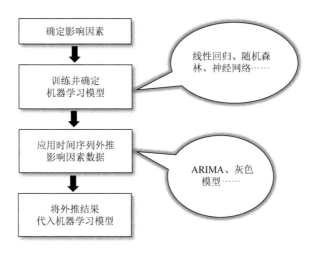

图 4.3　机器学习与时间序列方法的融合过程

首先，利用已经确定的影响因素及预测对象数据，选择合适的机器学习方法进行训练，获得合适的模型，描述影响因素与预测对象之间的相关关系。

其次，针对所有的影响因素，选择合适的时间序列方法，对影响因素未来的数据进行预测。

最后，将预测得到的各影响因素数据，代入到已经训练好的模型当中，获得预测对象在未来特定时间段的结果。

可以发现，时间序列预测方法是研究中的一个重要桥梁，将机器学习模型的训练过程和预测过程联系在一起。因此，时间序列的预测效果和机器学习模型的训练效果都会对最终的预测结果产生直接的影响。这就要求对这两类模型都要进行适当的选择和参数设置，才能得到可靠的预测结果。

在后文第 5 章到第 8 章的具体研究场景下，我们都是采用上述思路将机器学习与时间序列方法进行融合，从而解决一些典型的研究生教育发展预测问题。

4.6.2　情景规划与机器学习方法的融合

情景规划是一种思维工具，也是一种预测工具，帮助我们思考可能发生的特定情景，并分析这些特定情景下的预测结果。

因此，在本书的研究工作中，针对机器学习模型所得到的一些可解释性欠佳的预测结果，我们结合情景规划的思想设计了一些具有典型性或者极端性的场景，进一步给出这些场景下的预测结果，从而通过更加深入的分析提炼更有说服力的最终预测结果。

具体来看，情景规划与机器学习方法的融合步骤可以通过图 4.4 来表示。

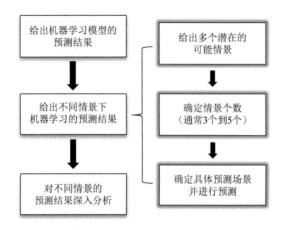

图 4.4 情景规划与机器学习方法的融合过程

首先，利用已经采集的数据，选择合适的机器学习方法进行训练，获得合适的模型，描述影响因素与预测对象之间的相关关系。

其次，根据情景规划的基本思想，给出不同情景下的预测结果。这里包含几个具体的步骤：①讨论确定多个潜在的可能情景（一些典型情景或者极端情景）；②针对具体问题确定应做进一步分析的情景个数；③选择确定具体场景并应用机器学习模型进行预测。

最后，将不同情景下获得的预测结果进行对比，给出具备更强可解释性的预测结论。

这里，情景规划手段是对机器学习预测结果的丰富和补充，主要目的是提供更多可以进行进一步分析和讨论的结果。只有当机器学习预测结果不足以完全解决某一个研究生发展预测问题时，我们才会引入情景规划手段。因此，该方法在本书的研究中是一类支撑方法，但不是不可或缺的。

在后文第 5 章和第 7 章的研究中，我们都引入了情景规划手段，设计了一些比较极端的场景，给出了这些极端场景下的预测结果。通过对这些预测结果的分析，可以更好地对基础模型的结果进行解释说明，提供更多的管理内涵和政策建议。

4.6.3 文本分析与机器学习方法的融合

文本分析与机器学习方法的融合，相对于前面两种融合方式更加特殊。文本分析与本书研究中涉及的其他方法的最大差异在于，该方法关注对文本数据的分析，而其他方法都是针对数字数据的预测或分析方法。

这里，与机器学习方法进行融合的主要思想在于：通过对各类文件内容的文本分析，我们可以得到高校发展的一些重要影响因素；而在不同的机器学习方法中，需要在模型训练之前分析可能对预测对象有重要影响的因素。因此，可以将文本分析作为搜集或验证机器学习模型中所使用的影响因素的一种手段。

具体来看，在本书的研究工作中，文本分析与机器学习方法的融合步骤如图 4.5 所示。

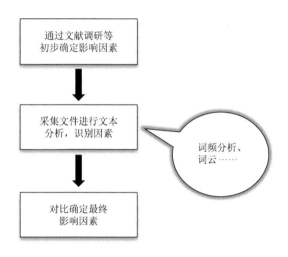

图 4.5　文本分析与机器学习方法的融合过程

首先，通过文献调研等方式初步分析影响预测对象的主要因素。

其次，采集相关的政府、高校文件，对文件的内容进行文本分析，应用词频分析等手段，从中识别出一些可能有重要影响的因素。

最后，将这两个途径获得的影响因素进行对比，从而确认在机器学习模型中需要考虑的因素。

很明显，文本分析只是识别机器学习模型中潜在影响因素的一种可行手段。在研究中，我们通常通过文献调研的方式归纳对预测对象有影响的潜在因素。结合文本分析，可以对影响因素做进一步的识别、对比，提升机器学习模型的训练效果。因此，文本分析也是我们研究中的一种重要支撑方法。

在后文第 6 章的研究工作中，我们采集了部分国内高校公开发布的有关"双一流"建设的文件，以文本分析的方式提炼可能影响高校进入世界一流大学行列的因素，从而帮助确定用于机器学习模型的影响因素。

第5章 案例1：中国建成世界一流大学数量预测

在本章及第 6 章中，我们将研究未来一段时间内国内高校建设世界一流大学的有关预测问题。其中，本章将站在国家层面，通过观察西方发达国家世界一流大学的建设规律，归纳影响世界一流大学建设的重要因素，并预测未来一段时间内国内高校建成世界一流大学的数量。第 6 章将在本章工作的基础上，针对具体的国内高校，分析影响其进入世界一流大学的因素，并对其何时能够进入世界一流大学行列进行预测。

5.1 研究背景、意义与研究思路

5.1.1 全球科技中心与世界一流大学建设

从过往的历史经验来看，世界一流大学的建成和集聚对一个国家的科技进步、经济发展都有着至关重要的作用。我们将简单梳理世界科学中心迁移与世界一流大学的关系，进而解释本章研究工作的重要背景。

回顾历史，世界科学中心的迁移与世界一流大学的建设和发展密不可分。自16 世纪以来，世界科学中心有过五次大的迁移，分别是意大利（1540 年至 1610 年）、英国（1660 年至 1730 年）、法国（1770 年至 1830 年）、德国（1810 年至 1920 年）和美国（1920 年至今）。可以发现，每个世界科学中心的兴隆期大概是 80 年。这就是由日本学者汤浅光朝在 1962 年提出的"汤浅现象"。

与此同时，回溯上述国家中世界一流大学的建设情况，能够发现，世界一流大学的建设均早于其形成世界科学中心的时间。例如，意大利是首个世界科学中心，其间大学总数约占世界大学总数的 40%（1410 年至 1530 年）。而后，英国、法国、德国相继成为世界科学中心。英国在 1660 年至 1740 年间拥有世界上 30%以上的顶尖大学，科学成果在全世界的占比约为 40%；法国在 1650 年到 1830 年间建设了十几所至今仍享誉世界的"大学校"，科学成果在全世界的占比约为 40%；德国则在 1770 年至 1830 年是当时世界上顶尖大学数量最多的国家，其间诺贝尔奖数量居世界首位。1830 年之后，美国的大学后来居上，世界一流大学占比约为20%，诺贝尔获奖数量在全世界的占比约为 50%。

很明显，与世界科学中心的**繁荣期**相比，教育中心的繁荣期需超前 30 年至 100 年。没有任何一个国家在高等教育落后的情况下，能够成为全面领先的世界科技强国。可以这样讲，科学的兴旺和教育的发达总是一致的；教育的发达总是超前于科学技术的兴旺。世界科学中心的迁移与世界一流大学的建设密切联系，甚至可以说是同一件事情。

因此，中国要想成为新的世界科学中心，必须从建设世界一流大学开始。结合"汤浅现象"，我国目前可能正处在建设世界一流大学的重要战略机遇期，必须抓住机会建设一批高水平的世界一流大学。

5.1.2　世界一流大学建设对实现我国国家战略的支撑

党的二十大报告中强调了"实施科教兴国战略，强化现代化建设人才支撑"[①]的重要性，并指出："教育、科技、人才是全面建设社会主义现代化国家的基础性、战略性支撑。必须坚持科技是第一生产力、人才是第一资源、创新是第一动力，深入实施科教兴国战略、人才强国战略、创新驱动发展战略，开辟发展新领域新赛道，不断塑造发展新动能新优势。"[①]

其中，教育是科技、人才两个维度的基础和底座。只有不断提升我国的教育水平，建设更多的世界一流大学，才能够培养更多高素质的人才，支撑科技进步和创新发展。为了达成这一目标，我们必须超前布局世界一流大学建设。

值得一提的是，世界一流大学是一个东方式的概念，源于中国高等教育的重点建设政策。20 世纪末，中国启动的"985 工程"将世界一流大学由一个政策概念转变为一个学术概念。当然，中国建设世界一流大学的动因既有外部国际竞争的压力，也有建设创新型国家的内在需求（周光礼等，2019）。

中国目前正处在"两个一百年"历史交汇点上。不可否认，我们与西方发达国家在经济、科技、教育等方面还有一定的差距。因此，为了实现中国式现代化，使中国早日成为新的世界科学中心，就必须大力建设世界一流大学，为人才培养、学术发展和科技创新打造良好的发展环境。到中华人民共和国成立一百年之前的这段时间，对中国来说，既是挑战又是机遇，我们应洞察世界一流大学建设的规律，高瞻远瞩，审时度势，制定恰当的政策，发扬中华民族的勤劳和智慧，培养高度的中国文化自觉和文化自信，以中国智慧推动全球科技发展和创新，在各个科学领域有所突破，助力中华民族伟大复兴的中国梦。

因此，对未来一段时间内中国建成世界一流大学情况的预测，不仅是判断我

---

① 引自 2022 年 10 月 26 日《人民日报》第 1 版的文章：《高举中国特色社会主义伟大旗帜　为全面建设社会主义现代化国家而团结奋斗》。

们能否成为世界科学中心的主要指标，也将为国家"双一流"建设等重要决策提供有力的支持。

5.1.3　本章的研究思路

一直以来，我国高等教育建设的路径主要学习借鉴了西方高等教育的建设模式。在早期，我国高等教育的快速发展得益于此，极大节省了探索发展路径的时间和成本，在短时间内获得了显著的提高。但与此同时，"借鉴路径"也是一把双刃剑，在高效率的发展下，隐藏着国外制度与本土文化不匹配的风险，也隐藏着国外制度本身弊端重重的风险。目前，中国的高等教育发展已经逐渐接近世界前列，西方教育建设路径已不再完全适用。探索中国本土高等教育建设的影响因素和发展路径，预测中国高等教育未来发展趋势并提出相关政策建议，对未来中国高等教育发展具有重要意义。

本章的研究思路如下：首先，我们将应用文献调研等方法识别影响世界一流大学建设的重要因素，并简单介绍数据采集和整理的过程。其次，本章应用 ARIMA 模型、随机森林模型和 BP 神经网络模型分别对我国高校建成世界一流大学的数量进行预测建模。再次，我们在指标数据外推的基础上，比较不同模型的预测结果，并结合情景规划思想对随机森林模型的预测结果做进一步的分析。最后，我们总结本章的研究工作，提出相应的政策建议。

5.2　指标设计与数据采集

5.2.1　预测对象概念界定

这里，我们首先要明确一个概念：到底什么是世界一流大学。以比较直接的观点来看，国际上各大知名的高校排行榜上名次靠前的学校，应该可以被视为世界一流大学。

因此，研究从这里切入，首先关注在中国"双一流"建设中影响较大的第三方评估机构发布的排行榜。目前，比较知名的排行榜包括：英国《泰晤士报》发布的泰晤士高等教育世界大学排名、英国 QS 集团发布的 QS 世界大学排名、美国《美国新闻与世界报道》发布的 U.S. News 世界大学排名、中国上海交通大学发布的 ARWU（ShanghaiRanking's Academic Ranking of World Universities，软科世界大学学术排名，简称为上海软科大学排行榜）。这些第三方评估机构的评估定位各不相同，其中上海软科大学排行榜是监测"985 工程"建设成效应运而生的产物。

考虑到本章研究的目标是预测中国高校建成世界一流大学的数量，所以，我们选用了上海软科大学排行榜作为排名标准。主要的考虑包括以下两点：首先，作为世界范围内的大学排名榜单，上海软科大学排行榜的排名标准和方法论相对综合和科学，经过多年的实践和改进，得到了国际学术界的广泛认可。该排行榜不仅考虑了学校的学术水平、科研实力和教育质量，还考虑了学校的国际化程度和社会服务能力等多个方面的因素。其次，上海软科大学排行榜是中国高等教育历史上重要的评价体系之一，该排行榜在评价高等教育成效和办学水平时，充分考虑了中国高等教育的特殊性和文化背景。多年来，上海软科大学排行榜在评价高等教育成效和办学水平方面积累了丰富的经验和数据，具有广泛的应用价值和学术影响力。因此，我们认为，其榜单前 500 名的高校已经具备了一定的国际影响力、学术实力和科研实力，符合世界一流大学的基本要求。

基于此，为了顺利开展后续的定量研究工作，我们这里将世界一流大学认定为能够进入上海软科大学排行榜前 500 名的高校。需要说明的是，本章所提供的模型在其他的认定标准下同样适用，教育决策者或科研人员可以根据自身需求选定合适的世界一流大学标准。

5.2.2 指标选择

应用机器学习预测方法，需要先凝练出可能影响预测结果的各种因素（指标）。由于本章所涉及的预测问题是站在国家层面从整体上预测世界一流大学的数量，因此，相应的影响因素也都是宏观层面的因素。

通过考察西方发达国家建设世界一流大学的情况，我们认为，教育、科技、经济三个层面的因素会影响一个国家建成世界一流大学的数量。

1. 教育层面

在教育方面，注册学生数量是常用的一个基础指标（朱治亚，2019）。在本章的研究中，我们重点关注与研究生教育相关的因素。考虑到数据可获得性，我们选择了"国家千人注册研究生数"和"每百万人口博士学位获得者数量"两个因素。很明显，这两个因素直接衡量一个国家的研究生培养能力。这两个因素的数值越大，一个国家高等学校（特别是研究生院）的数量越多，高校中越有可能出现更多的世界一流大学。

同时，我们认为国民整体的受教育情况也能在一定程度上影响建成世界一流大学的数量。很显然，这方面的数据越突出，即一个国家的高素质人口越多，也就能更好地支撑世界一流大学的建设。因此，我们选取了"人均受教育年限"和"劳动年龄人口受高等教育比例"作为人口教育质量的衡量因素。

2. 科技层面

在主流的大学排行榜中，常见的科研层面的衡量指标主要包括大学的研发成果（如期刊论文发表数量、专利数量）和人均研究经费。

考虑到数据的可获得性，我们选取了三个潜在影响因素。

首先是以论文和专利计算的研发成果数量。很明显，一个国家发表的论文与申请的专利数量越多，说明一个国家具有更强的科研实力，更有可能建成更多的世界一流大学。其次，我们还选择了国家研发经费投入，因为这个指标能够说明一个国家对科学研发的重视程度。这些经费投入中的相当一部分，会进入高校，进而支撑高校产出更多的科研成果。最后一个指标是 R&D 百万人口占比。虽然 R&D 人员只有部分来自高校，但是该比例越高，说明一个国家的科研人员越多，能够支撑产出更多的高水平科研成果，在一定程度上也能够促进世界一流大学的建设。

3. 经济层面

通过梳理西方发达国家中世界一流大学的有关数据，我们还发现，各个国家建成世界一流大学的数量与各国的经济发展状况有较大相关性。这是因为，一个国家的经济状况越好，越有可能为高校建设投入更多的资金，从而促使更多的世界一流大学建成。

具体地，我们考虑了以下几个经济层面的指标：各国的 GDP 直观地表示了一个国家的绝对经济实力；GDP 在世界范围内的占比说明了一个国家在全球经济中的相对重要性，而各种高校排名榜单实际上也是一种相对的比较结果；按购买力平价（purchasing power parity，PPP）计算的人均 GDP 则考虑了人口数量的潜在影响；国家研发投入占 GDP 的比重是一个将经济和科研融合的指标，能够比较好地反映一个国家对研发的重视程度。

综上，为了预测建成世界一流大学的情况，我们选择的潜在影响因素体系如表 5.1 所示。

表 5.1　世界一流大学影响因素指标

影响因素	说明
教育	人均受教育年限
	国家千人注册研究生数
	每百万人口博士学位获得者数量
	劳动年龄人口受高等教育比例
科技	国家研发经费投入
	R&D 百万人口占比
	研发成果数量（期刊论文、专利）

续表

影响因素	说明
经济	各国 GDP
	GDP 在世界范围内的占比
	按购买力平价计算的人均 GDP
	国家研发投入占 GDP 的比重

5.2.3　数据采集

为了开展研究工作，我们首先选择了研究中涉及的主要国家。除了中国，还包括美国、英国、德国、法国和日本五个发达国家。

然后，根据前文界定的预测对象，我们整理了 2003 年至 2020 年上海软科大学排行榜中上述 6 个国家处于前 500 名的高校数量。

接着，根据 5.2.2 小节中提出的各项指标，我们采集了上述 6 个国家 1980 年至 2020 年的相关数据。

经过对数据的整理，我们发现"国家千人注册研究生数"指标在历史趋势上存在突增现象，数据不稳定，无法对其进行有效拟合。同时，在研究中，由于我们考虑用全球数据进行模型训练，所以部分数据的获取难度较大。因此，我们对部分影响因素指标进行了修正。主要包括以下几点。

（1）基于数据的完整性要求，删除了"劳动年龄人口受高等教育比例"指标。

（2）经过分析各个经济层面指标与世界一流大学数量之间的相关关系，删除了"各国 GDP"和"GDP 在世界范围内的占比"两个没有明显关联的指标。同时，增加了"国家在大学的投入费用"指标。

（3）由于中国专利数量自 2020 年开始不公开发布，将"研发成果数量"简化为"公开发表学术论文数量"。

经过调整，最终确定以下 8 项因素为世界一流大学数量的影响因素指标，如表 5.2 所示。

表 5.2　调整后的世界一流大学影响因素指标

影响因素	说明
教育	人均受教育年限
	每百万人口博士学位获得者数量
科技	国家研发经费投入
	R&D 百万人口占比
	公开发表学术论文数量

续表

影响因素	说明
	按购买力平价计算的人均 GDP
经济	国家在大学的投入费用
	国家研发投入占 GDP 的比重

5.3　预测模型构建

在本节中，我们将分别采用 ARIMA 模型、随机森林模型和 BP 神经网络模型对中国高校建成世界一流大学的数量进行建模。

5.3.1　ARIMA 模型

近年来，中国的"世界一流大学"数量不断增加。因此，我们首先忽略各种可能影响我国建成世界一流大学数量的因素，单纯根据以往中国教育的发展趋势从时间序列层面对未来一段时间中国建成世界一流大学的数量进行预测。

首先，我们对研究数据进行了时间序列图形平稳性分析，输出的 ADF 检验表结果如表 5.3 所示。

表 5.3　ADF 检验表

变量	差分阶数	t	p	AIC	临界值		
					1%	5%	10%
世界一流大学数量	0	1.709	0.998	62.026	−3.924	−3.068	−2.674
	1	−2.874	0.048**	57.355	−3.964	−3.085	−2.682
	2	−4.955	0.000***	60.89	−4.012	−3.104	−2.691

***、**分别代表 1%、5%的显著性水平

结合表 5.3，我们可以得到如下结果。

（1）在差分为 0 阶时，显著性 p 值为 0.998，水平上不呈现显著性，不能拒绝原假设，该序列为不平稳的时间序列。

（2）在差分为 1 阶时，显著性 p 值为 0.048，水平上呈现显著性，拒绝原假设，该序列为平稳的时间序列。

（3）在差分为 2 阶时，显著性 p 值为 0.000，水平上呈现显著性，拒绝原假设，该序列为平稳的时间序列。

考虑到不同差分阶数的平稳性以及对预测结果的可解释性，我们选择一阶差

分结果做进一步的预测分析。最佳差分时序图如图 5.1 所示。由图 5.1 可知，在一阶差分后，除个别年份外，各年份间呈现较稳定的增长趋势。

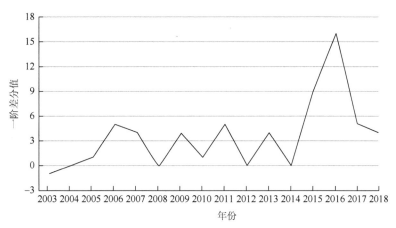

图 5.1 最佳差分时序图

基于上述一阶差分模型的差分结果，我们对构建的 ARIMA 模型进行了检验，可以得到模型检验表（表 5.4），其模型拟合优度 R^2 为 0.946，拟合效果较好；其 AIC 和 BIC 相较于其他差分模型检验结果也较小。

表 5.4 ARIMA(0, 1, 0)模型检验表

项	符号	值
残差自由度	df residuals	15
样本数量	N	17
Q 统计量	$Q6$（p 值）	1.341（0.247）
	$Q12$（p 值）	1.843（0.934）
信息准则	AIC	94.967
	BIC	96.513
拟合优度	R^2	0.946

进一步，我们可以得到模型参数表如表 5.5 所示，其中包括模型的系数、标准差、t 检验结果等。

表 5.5 模型参数表

系数	标准差	t	$p > |t|$	0.025	0.975
3.563	1.038	3.431	0.001	1.528	5.597

注：0.025 和 0.975 下面的数值分别为 t 检验 95% 置信水平下双侧检验的临界值

最终，基于 AIC 寻找最优参数，可以得到最优模型为 ARIMA(0, 1, 0)。结合表 5.5，可以得到该模型的公式为 $y(t) = 3.563$。这意味着，在给定时间段内，中国建成世界一流大学的数量呈现出一个线性增长的趋势，任意相邻两年的数量之差为 3.563。

图 5.2 展示了原始数据一阶差分后的时序图，包含了时间序列模型的原始数据、模型拟合值以及模型预测值。图中的"向后预测 4"和"向后预测 8"指的是 4 年后和 8 年后的预测结果。

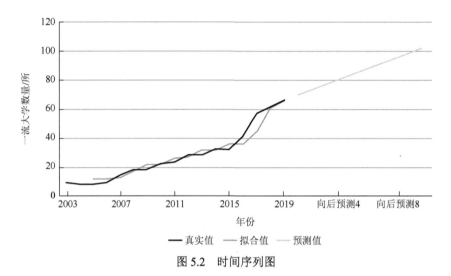

图 5.2　时间序列图

5.3.2　随机森林模型

ARIMA 模型是一种典型的时间序列预测模型，预测中未考虑各种因素对预测结果的影响。我们在 5.2 节中已经总结了可能影响预测结果的主要指标，所以，我们利用各个国家、各个年份的指标数据和世界一流大学数量作为训练集，应用随机森林、BP 神经网络、支持向量机等多种不同的机器学习模型进行了训练。根据不同机器学习模型的拟合效果，最终选择了随机森林模型和 BP 神经网络模型来对我国的世界一流大学数量进行预测。

在本小节中，我们针对世界一流大学数量的预测问题建立了随机森林模型。经过对模型参数的不断调整优化，本章所采用的随机森林模型的相对最佳结果参数如表 5.6 所示。

表 5.6　随机森林模型参数设置

参数名	参数值
数据切分	0.7
数据洗牌	是

续表

参数名	参数值
交叉验证	10
节点分裂评价准则	MSE
划分时考虑的最大特征比例	None
内部节点分裂的最小样本数	2
叶子节点的最小样本数	1
叶子节点中样本的最小权重	0
树的最大深度	10
叶子节点的最大数量	50
节点划分不纯度的阈值	0
决策树数量	100
有放回采样	是
袋外数据测试	是

注：MSE 全称为 mean squared error，表示均方误差；None 表示在对随机森林进行划分时考虑所有的特征

通过进一步分析，我们发现，上述随机森林模型在训练集和测试集上的 R^2 都超过了 0.95（表 5.7），说明拟合效果很好，预测准确度很高并且在新数据上的应用效果良好。

表 5.7 模型评估效果

数据集	MSE	RMSE	MAE	MAPE	R^2
训练集	18.523	4.304	1.478	3.598	0.993
交叉验证集	175.314	8.185	4.384	10.224	0.882
测试集	49.755	7.054	4.077	10.41	0.961

注：RMSE 为均方根误差（root mean square error）；MAE 为平均绝对误差（mean absolute error）；MAPE 为平均绝对百分比误差（mean absolute percentage error）

此外，根据随机森林模型的特点，我们还能够给出各个指标对最终结果的影响程度，如图 5.3 所示。从图 5.3 中，我们可以发现，国家在大学的投入费用以及国家研发经费投入在其中发挥了最为重要的作用。

5.3.3 BP 神经网络模型

在采用多种不同的机器学习模型进行拟合的过程中，我们发现，除了随机森林模型，BP 神经网络模型比其他机器学习模型拟合效果更好，但略差于随机森林模型。

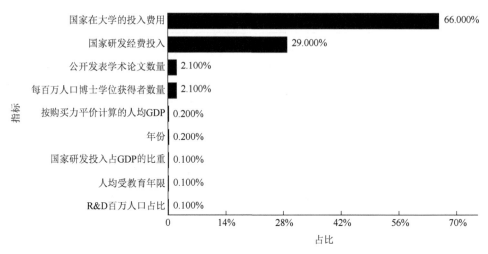

图 5.3　各指标重要性

更具体地，BP 神经网络模型在网络简单的情况下拟合效果欠佳，但网络复杂时又会影响模型的泛化能力，即使采用十折交叉验证也未能达到预期。鉴于此，本章对所用数据进行了斯皮尔曼相关性分析，得到了如图 5.4 所示的相关系数热力图。

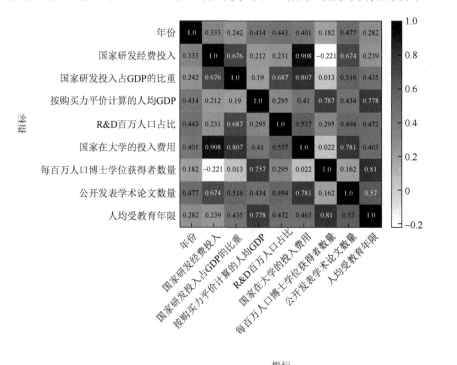

图 5.4　指标相关系数热力图

结合上述热力图和主成分分析的结果，除"年份""每百万人口博士学位获得者数量""按购买力平价计算的人均 GDP"三个指标与其他指标的相关性程度较低以外，其他指标之间均具有较强的相关性。

为了降低指标之间多重共线性的影响，我们对上述三个指标之外的其余指标进行了主成分分析降维。首先进行了 KMO（Kaiser-Meyer-Olkin）检验和 Bartlett 检验（表 5.8），判断是否可以进行主成分分析。我们发现 KMO 值为 0.648，介于 0.6~0.7，不太适合进行主成分分析；而 Bartlett 检验的结果显示，p 小于 0.01，说明可以进行主成分分析。因此，我们仍然选择进行主成分分析。

表 5.8　KMO 检验和 Bartlett 检验

KMO 值		0.648
Bartlett 检验	近似卡方	724.201
	df	15
	p	0.000***

***代表 1%的显著性水平

为了检验降低变量自相关后是否能提高拟合效果和预测效果，我们进行了主成分分析降维，提取主成分后的方差解释表格如表 5.9 所示。

表 5.9　方差解释表格

成分	特征根	方差解释率	累积方差解释率
1	3.671	61.185%	61.185%
2	1.459	24.311%	85.496%
3	0.534	8.907%	94.403%
4	0.222	3.699%	98.101%
5	0.105	1.742%	99.843%
6	0.009	0.157%	100%

在保证对原指标解释程度不少于 90%的标准下，本章选择将原指标分解为 3 个主成分，同时可供参考的碎石图见图 5.5，因子载荷系数表如表 5.10 所示。

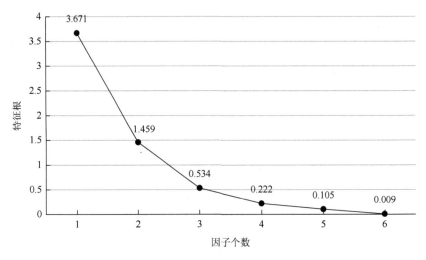

图 5.5 碎石图

表 5.10 因子载荷系数表

指标	因子载荷系数			共同度（公因子方差）
	主成分 1	主成分 2	主成分 3	
国家研发投入占 GDP 的比重	0.795	0.338	−0.449	0.948
人均受教育年限	0.618	0.545	0.541	0.971
R&D 百万人口占比	0.665	0.685	−0.146	0.932
公开发表学术论文数量	0.871	−0.307	0.136	0.871
国家研发经费投入	0.778	−0.6	0.000	0.965
国家在大学的投入费用	0.923	−0.354	0.002	0.977

将"年份""每百万人口博士学位获得者数量""按购买力平价计算的人均GDP"三个指标与其余指标降维后的三个主成分作为自变量，重新代入 BP 神经网络模型中进行拟合，经过不断调整参数，最后选择的相对最佳结果参数如表 5.11 所示。

表 5.11 BP 神经网络模型参数

参数名	参数值
训练用时	0.251 秒
数据切分	0.7
数据洗牌	是
交叉验证	10
激活函数	identity
求解器	L-BFGS

续表

参数名	参数值
学习率	0.1
L2 正则项	1
迭代次数	1000
隐藏第一层神经元数量	50

注：identity 激活函数是线性激活函数，将输入直接传递到输出；L-BFGS 是一种基于二阶牛顿法的梯度下降求解算法

　　该神经网络模型在训练集、测试集上的 R^2 都超过了 0.8，说明模型的拟合效果和泛化能力都较强，在新数据上也能较好地拟合（表 5.12）。在交叉验证集上的 R^2 较低，说明训练集的数据并不能代表整体的数据分布。这可能和研究将所有国家的数据混合在一起训练有关，导致模型在抽取训练集时，不能统筹考虑国家间的差距。但在基于预测效果客观有效的标准下，本章研究的结果仍然具有一定的参考性。

表 5.12　BP 神经网络模型评估效果

项目	MSE	RMSE	MAE	MAPE	R^2
训练集	381.583	19.534	13.241	28.972	0.802
交叉验证集	414.053	18.668	14.109	31.72	0.496
测试集	484.579	22.013	14.332	28.46	0.823

5.4　预测结果分析

5.4.1　指标数据外推

　　我们拟训练的随机森林模型和 BP 神经网络模型均是基于当年的相关指标数据对当年的中国世界一流大学数量进行预测的，若对未来中国高校建成世界一流大学的数量进行预测，则需要先获得各指标在对应年份的预测数据。因此，为了预测中国在 2023 年至 2035 年建成世界一流大学的数量①，我们首先需要针对上述 8 个具体指标，对其在 2023 年到 2035 年之间的数据进行预测。

　　这里，我们采用一种比较简单的方式进行预测：直接对这些指标已有的数据从时间序列上进行拟合，然后再根据拟合出的函数，对各个指标的数据进行外推。

---

　　① 本书的全部预测研究在 2023 年初完成，故预测期间包含 2023 年。第 6 章至第 8 章的情况与此处一致。特此说明。

更加具体地，公开发表的学术论文采用 1981～2019 年的数据进行拟合，其余因素采用 2003～2019 年的数据进行拟合。

我们将各个指标的拟合结果展示在下面的多个图中。

（1）我国人均受教育年限数据呈现明显增长趋势，虽然存在着一定的波动，但总体上可以认为是线性的，故采用一次函数进行拟合。拟合结果如图 5.6 所示，可见拟合效果较好。这也意味着在可预见的未来一段时间内，我国人均受教育年限将持续增长。

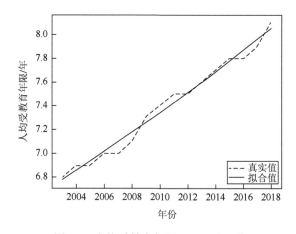

图 5.6　人均受教育年限——一次函数

（2）观察我国每百万人口博士学位获得者数量的过往数据，由于其增幅呈现出边际递减的效果，所以我们采用了对数函数对其进行拟合，结果如图 5.7 所示。可以发现，拟合结果较好，具体拟合函数为 $y = 13.155 \times \log(x-2001.859) + 6.129$。

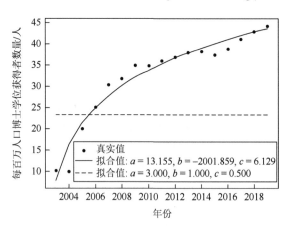

图 5.7　每百万人口博士学位获得者数量——对数函数

长期来看，随着我国博士培养能力的不断提升，每百万人口博士学位获得者数量增幅减缓是一种正常态势，与西方发达国家的发展过程有类似之处。

（3）从图 5.8 中可以发现，按购买力平价计算的人均 GDP 指标的增长趋势较为稳定，所以我们选择一次函数对其进行拟合。对应我国目前的发展态势，虽然 GDP 增速有所放缓，但人口数量也有所下降，所以这种线性的增长趋势在一定时间段之内还是可以保持的。

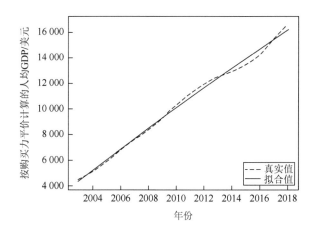

图 5.8　按购买力平价计算的人均 GDP——一次函数

（4）国家在大学的投入费用指标的相应数据呈现出明显的增长趋势，且有边际增加效果，虽然存在着一定的波动，但我们使用二次函数进行拟合，效果较好，拟合结果如图 5.9 所示。结合国家近期的主要政策，我们也可以预期，在未来一段时间内，国家对大学的投入仍然会保持着稳健的增长，以支持世界一流大学的建设。

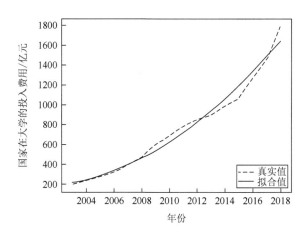

图 5.9　国家在大学的投入费用——二次函数

（5）观察"国家研发投入占 GDP 的比重"指标的过往数据，我们发现，其数据虽然基本保持增长，但无法直接判断合适的拟合函数形式。因此，我们分别尝试了一次函数、二次函数、三次函数三种不同的拟合方式，经过对比，使用一次函数进行拟合的效果最好。具体拟合结果如图 5.10 所示。

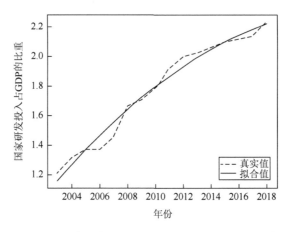

图 5.10 国家研发投入占 GDP 的比重——一次函数

（6）国家研发经费投入指标过往数据的变化趋势与国家在大学的投入费用的变化趋势较为类似。因此，我们同样选择了二次函数对其进行拟合，结果如图 5.11 所示。

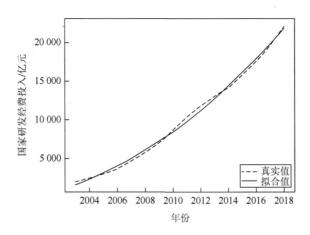

图 5.11 国家研发经费投入——二次函数

（7）对于 R&D 百万人口占比数据，在 2006 年至 2008 年间出现了一定的异常。经过分析，我们认为该数据点并不会对整体数据的拟合产生决定性影响。从整体时间维度上看，该指标的数据变化趋势符合二次函数的特征，进行拟合后的效果如图 5.12 所示。

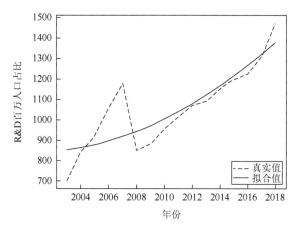

图 5.12　R&D 百万人口占比——二次函数

（8）公开发表学术论文数量指标的数据较为丰富，因此，我们采用了 1981 年至 2019 年的数据进行拟合。结合数据本身的特征，我们选择了对数函数和指数函数两种不同的函数进行拟合（图 5.13）。经过对比，使用对数函数进行拟合可以获得较好的效果。更具体地，我们得到论文数量拟合函数为 $y = 41\,136.006 \times \log(x-1971.946)-72\,106.632$。当然，这意味着论文数量虽然会持续增长，但增幅会有所放缓。这其实与国内"破五唯"指导思想密切相关，"论文质量"而不是"论文数量"对学校、学科、学者是更重要的评价标准。

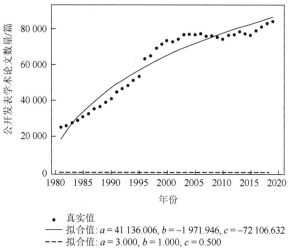

· 真实值
—— 拟合值：$a = 41\,136.006$, $b = -1\,971.946$, $c = -72\,106.632$
- - - 拟合值：$a = 3.000$, $b = 1.000$, $c = 0.500$

图 5.13　公开发表学术论文数量——对数函数

根据前文中对 8 个不同的因素选取的拟合函数，对 2023 年至 2035 年中国各项指标的数据进行外推，可以得到如表 5.13 所示的结果。

表 5.13　中国 2023~2035 年各因素外推数据

年份	国家研发经费投入/亿元	国家研发投入占 GDP 的比重	按购买力平价计算的人均 GDP/美元	R&D 百万人口占比	国家在大学的投入费用/亿元	每百万人口博士学位获得者数量/人	公开发表学术论文数量/篇	人均受教育年限/年
2023	33 177.93	2.66	20 262.07	1 723.96	2 581.79	45.61	65 045.67	8.52
2024	35 729.54	2.73	21 053.67	1 803.04	2 797.51	46.25	66 486.45	8.62
2025	38 374.05	2.80	21 845.27	1 885.50	3 022.52	46.86	67 878.47	8.72
2026	41 111.46	2.87	22 636.86	1 971.33	3 256.82	47.44	69 224.92	8.82
2027	43 941.77	2.94	23 428.46	2 060.54	3 500.42	48.00	70 528.68	8.92
2028	46 864.98	3.01	24 220.06	2 153.12	3 753.31	48.53	71 792.39	9.02
2029	49 881.09	3.08	25 011.65	2 249.08	4 015.50	49.04	73 018.43	9.13
2030	52 990.10	3.15	25 803.25	2 348.42	4 286.98	49.54	74 208.98	9.23
2031	56 192.00	3.22	26 594.85	2 451.13	4 567.76	50.02	75 366.03	9.34
2032	59 486.81	3.29	27 386.44	2 557.21	4 857.83	50.47	76 491.43	9.44
2033	62 874.52	3.37	28 178.04	2 666.67	5 157.20	50.92	77 586.86	9.55
2034	66 355.13	3.44	28 969.64	2 779.51	5 465.86	51.35	78 653.87	9.66
2035	69 928.63	3.51	29 761.23	2 895.72	5 783.81	51.76	79 693.89	9.77

5.4.2　不同模型预测结果对比

根据 5.3 节中提供的三种不同预测模型，我们将其预测的 2023 年至 2035 年中国建成世界一流大学的数量汇总如表 5.14 所示。

表 5.14　三种模型预测结果对比（单位：所）

年份	ARIMA 模型	随机森林模型	BP 神经网络模型
2023	91	143	125
2024	94	156	134
2025	97	156	144
2026	101	155	154
2027	105	153	164
2028	108	153	175
2029	112	151	186

续表

年份	ARIMA 模型	随机森林模型	BP 神经网络模型
2030	115	151	197
2031	119	151	209
2032	122	151	221
2033	126	151	233
2034	130	151	246
2035	133	151	258

1. 三种模型预测结果的解释

1）ARIMA 模型

近年来进入上海软科大学排行榜前 500 名的中国大学数量在不断增加，所以，应用 ARIMA 模型进行预测所得到的结果呈现出明显的上升趋势。预计到 2035 年，进入世界一流大学行列的中国高校将超过 130 所。

但是，ARIMA 模型的局限性在于，其假设未来建成世界一流大学的数量是一个时间序列，没有将其他可能对预测结果产生影响的很多内在或外在因素纳入预测结果。

2）随机森林模型

预测结果显示，在未来一段时间内，中国建成世界一流大学的数量将明显增加，峰值将达到 156 所。但是，如果按照目前的发展趋势，持续增加投入费用等支出的话，未来有可能出现世界一流大学数量下降，并稳定在 151 所左右。这一结果与大多数人的直观印象并不一致。究其原因，在随机森林模型中，我们用全球多个国家的数据作为训练集，所以，模型会考虑所有国家到目前为止的发展情况，中国在未来出现的下降趋势正好符合现在美国世界一流大学的发展趋势。因此，当中国在未来增加研发投入、人均教育水平普遍提高后，经济社会结构会与当前的发达国家更加接近，很可能会面临目前和美国相似的处境——主要影响因素边际贡献度不断降低，其他后起之秀国家逐渐赶超。所以，世界一流大学数量可能会趋于稳定，甚至略有下降。

随机森林模型对我们提出了新的重要问题：如何避免重复西方发达国家的发展过程？如果世界一流大学数量存在"天花板"，我们要怎样克服？

3）BP 神经网络模型

可以发现，BP 神经网络模型的预测结果呈现一种稳定上升的趋势。随着指标数据的上升，中国的世界一流大学数量也在以每年增加 10 所左右的速度稳步上升，于 2031 年突破 200 所。背后的原因在于，通过主成分分析降维后，主要指标的外推结果呈现明显的上升趋势，因此，BP 神经网络的预测结果也会明显上升。

在建模部分已经说明，BP 神经网络模型的拟合效果也是可以接受的。这正体现出了应用机器学习方法的一个重要特征，不同模型（甚至是同一模型的不同参数）会带来不同的预测结果。我们认为，BP 神经网络模型的预测结果可以作为中国高等教育发展环境较乐观情景下的建设情况。

2. 关于预测结果的对比思考

对比三种不同模型的预测结果，其共同之处在于，在未来一段时间内，中国建成世界一流大学的数量与当下相比将有明显的增加。

但是，这三种模型的预测结果也呈现出了一些差异，值得思考。

第一，从预测结果的绝对值上看，随机森林模型的预测结果明显高于 ARIMA 模型的预测结果，BP 神经网络模型的预测结果总体上明显高于随机森林模型的预测结果。这是因为在随机森林模型中，我们考虑了不同影响因素在 2023 年到 2035 年之间的预测值。所有因素的预测值在未来都会增加，个别指标呈现出指数增长的趋势，进而导致随机森林模型下的预测结果会有显著增长。BP 神经网络模型由于是黑箱处理过程，并经过了主成分分析法的处理，无法直接判断其与随机森林模型预测存在差异的原因。直观判断：一方面，在随机森林模型中，发达国家的发展趋势（近年来一流大学数量未明显增加）可能被学习到模型中；另一方面，BP 神经网络模型在降维后可能强化了部分指标的影响。

第二，从预测结果的形式上看，ARIMA 模型的结果呈现线性形式；而随机森林模型的预测结果先增加后减少，之后保持稳定；BP 神经网络模型保持了持续增长的趋势。从过往 20 年中国建设世界一流大学的成效来看，其数量基本上是一个线性增长的态势，所以基于时序关系的 ARIMA 模型的结果也是线性的。但是，在随机森林模型中，我们使用了中国和其他西方发达国家的数据对模型进行训练，所以模型中包含了对西方发达国家世界一流大学现状的描述。因此，当中国发展到一定阶段之后，可能会呈现出与现在西方发达国家面临的类似问题，即受到后发国家的挑战，世界一流大学数量可能不再会继续增长，反而会略有下降。由于 BP 神经网络模型的不可解释性，我们无法直接判断持续增长的原因，研究判断可能与降维后主要指标的增长趋势有较大的关系。

第三，从预测模型的机理上看，BP 神经网络模型的预测结果与随机森林模型较为相似，但仍存在部分差异，这种差异可能是 BP 神经网络模型和随机森林模型采用了不同的原理假设、建模方式，以及对数据的处理和特征选择等方面存在差异所致。随机森林模型对于非线性关系和复杂数据模式的处理能力较强，可能在对中国未来世界一流大学数量进行预测时能够更好地捕捉到数据中的非线性关系和复杂模式。同时，模型本身的决策树集成和随机特征选择的影响，可能使得预测结果在一定范围内波动，但其结果相对稳定。BP 神经网络模型在预测结果中可能受到训练数据和初始权重的影响，不同的初始权重和训练数据可能导致模型收敛到不同的局部极值点，从而导致预测结果的差异。具体来看，随机森林模型的预测结果先增长后下降，BP 神经网络模型的预测结果则持续增长，这是因为随机森林模型是基于决策树的模型，本质是针对不同的分类树进行打分，选出得分较高的树（其概率值最大）所给出的预测值。不可避免地，在决策树分类的过程中结果并不是连续的，会更偏向于概率更大的值。然而 BP 神经网络模型是纯粹的回归模型，虽然黑箱过程不可解释，但结果随输入值的变化是连续的。

综合来看，我们认为可以将 BP 神经网络模型的预测结果作为一种较为乐观的结果，而将随机森林模型的预测结果作为相对悲观的结果。

5.4.3　考虑情景规划的随机森林模型预测结果分析

在前述随机森林模型和 BP 神经网络模型中，我们直接对 8 个指标在 2023 年到 2035 年的数据进行了时间序列拟合后的外推，因此，预测结果会受到这些因素外推后的结果的影响。

然而，近年来，国际形势越发错综复杂，我们无法保证在未来一段时间内各个指标的变化趋势都能与预测结果保持一致。所以，我们这里应用情景规划的基本思想，对随机森林模型的预测结果做进一步分析。之所以只考虑随机森林模型进行情景规划分析，主要是因为如下两点。

（1）如前文所述，随机森林模型的预测结果可以被视为一种相对悲观的预测结果。因此，我们更加关心外部环境的变化是否还会带来更大的负面影响。

（2）我们在随机森林模型中能够判断对预测结果有最主要影响的两个指标（国家在大学的投入费用和国家研发经费投入），所以，我们主要针对这两个指标的变化进行情景规划分析。然而 BP 神经网络模型是一个黑箱，无法判断哪些指标影响更大。

具体地，我们考虑了两种不同的情况。

（1）国家在大学的投入费用和国家研发经费投入从某一特定年份（2023 年、2025 年、2030 年）开始变为表 5.13 中数据的 80%。这一数据的下降所代表的情景为：进入某一年份，国家经济发展遇到了一定挑战，导致对研发和高校的经费投入有所减少。这一设定的假想是，中国在崛起为超一流大国的过程中，有可能会受到其他国家的压制。

对 2023 年、2025 年、2030 年三个不同年份的数据进行调整后，可以得到我国建成世界一流大学数量的情况，如图 5.14 所示。

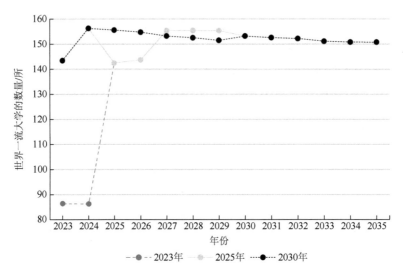

图 5.14　不同年份影响下的我国建成世界一流大学的数量

从图 5.14 中，我们能够非常明显地观察到，对于 2023 年和 2025 年发生数据调整的情况，国家在大学的投入费用和国家研发经费投入两项因素的数据出现下降后，只是在随后的几年内建成世界一流大学的数量会受到一定的影响，之后则会恢复到 5.4.2 节中给出的基本预测结果。而且，这种指标突然下降，对中国未来世界一流大学数量造成的影响随着年份的推移、中国世界一流大学建设的成熟程度提高，会越来越小。

这一结果说明，长期来看，这两项因素的负向变化不会对我国建成世界一流大学的数量产生直接影响。但是在短期内，国家投入下降的负向影响较为明显。同时，这一结果也说明，在世界一流大学建设不断发展的过程中，越到趋向于成熟的阶段，早期影响比较大的指标在不断降低边际贡献度，即影响趋向于越来越小。但是这一情况并不代表早期影响程度比较小的指标会在后期变得重要，相似地，早期影响程度较小的指标在后期影响同样变得更小。

（2）国家在大学的投入费用和国家研发经费投入在 2025 年开始变为表 5.13 中数据的 50%、80% 或 120%。这一数据的变化代表几种不同的情景，分别是国家投入明显减少、部分减少和有所增加。一方面，我们考虑国家投入明显减少的极端情况，是一种底线思维；另一方面，我们也考虑了国家投入有所提升的情景，是一种相对乐观的情况。

经过对数据的调整，我们可以得到我国建成世界一流大学数量的情况如图 5.15 所示。

从图 5.15 中，我们总结出如下情况：首先，国家投入明显减少的情况一旦出现，将对我国建成世界一流大学的数量有非常直接的影响，并且需要较长的时间

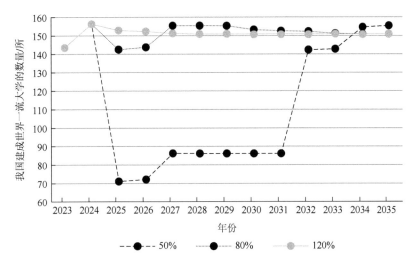

图 5.15　不同投入变化下的我国建成世界一流大学的数量

才能够恢复到一个比较高的数量水平。其次，国家投入增加对建成世界一流大学的数量没有明显影响，原因可能是触及了我们前文中所提到的高等教育发展的"天花板"。当然，出现这种情况，应与随机森林模型本身的特征有关。另外，当国家投入明显衰退时，我国建成世界一流大学的数量在后期出现了短期内高速增长的情况，这一点同样证明在高等教育趋向成熟的后期，指标边际贡献度将降低。该结果还额外表明了，高等教育发展的成熟度并不是以单独某个国家为标准的，而是随着时间的推移，全球教育环境趋向更为成熟的阶段，这将对某个国家的教育发展在无形中形成助力。这是我们在本章中难以衡量的全球环境因素，也为探索未来研究生教育相关的领域提供了新思路。最后，该结果也表明当前发展比较缓慢的国家，将有可能在后期享受到世界教育发展进步的红利，飞速提升实力。

上述情景规划分析结果带给我们的重要启示是：在随机森林模型所代表的相对悲观的场景下，为了能够将我国高等教育质量维持在较高的水平，稳定我国建成世界一流大学的数量，国家在大学的投入费用和国家研发经费投入两项因素要尽可能保持住当前的发展态势，避免出现明显的投入削减。

5.5　结　　论

在本章中，我们主要应用了 ARIMA 模型、随机森林模型、BP 神经网络模型，对未来一段时间内中国高校建成世界一流大学的数量进行了预测。这些预测方法都是目前发展得比较成熟的方法，被广泛应用于各个领域。同时，这些方法具有良好的性质：ARIMA 模型在最小的信息需求下做出较为准确的预测；随机森林模型具有较强的泛化能力；BP 神经网络模型具有较强的非线性映射能力。将这些方法与教育领域的研究结合起来，不仅有较好的技术基础支持，还有望为教育领域带来创新和改进。

当然，本章所采用的机器学习方法本身存在的一些弊端也是不能忽视的。例如，随机森林模型作为分类预测模型，在应用于数量预测时，对于训练集外的数据输出的结果会存在一些误差；BP 神经网络模型是黑箱，无法得知指标的重要性；等等。

结合本章的主要预测结果，我们还有以下三点政策建议。

首先，在未来一段时间内，中国建成世界一流大学的数量必然要显著高于目前的数量。那么，作为国家层面的教育管理者，应基于这样一个判断做出相应的资源配置、绩效评估等方面的决策。特别是对于可能在未来几年进入世界一流大学行列的国内高校（我们将在第 6 章中详细讨论如何对此进行预测），可以予以适当的资源倾斜。具体而言，可能需要加大对高水平大学建设的投资力度，加强人才引进和培养，提高学科建设和科研水平。在资源配置方面，需要更加注重质量、效益和可持续性，突出内涵发展，避免盲目追求规模和数量的扩张。在绩效评估方面，需要建立科学的、符合中国国情的评估体系，充分考虑建设成果的质量、创新性和社会价值等方面，确保评估结果与国家和社会的期望相符合。随意套用评估标准反而会对中国高等教育体系产生冲击，导致中国大学失去"文化自信"与教育自信。此外，还需要密切关注国内外大学竞争格局和趋势的变化，灵活调整决策和战略，以保持竞争优势和领先地位。

其次，通过随机森林模型的分析，我们发现国家在研发方面的投入以及对高校的投入是影响我国建成世界一流大学数量的最重要的因素。同时，我们通过情景规划分析，证明了国家投入的下降有比较明显的负面作用。因此，为了进一步推动国内高校进入世界一流大学的行列，国家应当在财政上对研发经费和大学经费的投入至少要保持现有的发展趋势，尽量不要有明显的下降。

最后，也要认识到，虽然在乐观的情况下，我国建成世界一流大学的数量将一直保持明显的增长趋势。但是，在一些特定的场景下，当我国发展到一定阶段，如果在建设思路上重复西方发达国家的路径，世界一流大学的数量反而有可能下降。因此，在建设世界一流大学的过程中，除了借鉴西方发达国家已有的经验，我们也需要结合中国独特的历史文化和国情现状，不断探索本土化的教育模式和路径，建设有中国特色的世界一流大学，从而将中国的世界一流大学数量提升到一个更高的水平。

第6章 案例2：国内高校建设世界一流大学成效预测

随着经济发展和全球化推进，中国高校在建设世界一流大学方面取得显著成就。基于第5章的研究内容，本章将继续深入分析个别高校的情况，探讨影响其进入世界一流大学的相关指标，建立世界一流大学建设效果预测模型，预测中国各高校未来是否能达到世界一流水平，为高校建设提供有益建议。

本章主要包括以下内容。首先，探讨宏观和微观预测的关系，强调本章研究的重要性。其次，凝练本章研究工作所采用的主要指标，并介绍数据来源和处理方法。再次，采用逻辑斯蒂分类模型和随机森林分类模型对数据进行训练。最后，选取一批具有代表性的学校，展示其在两种模型下的预测结果，并进行对比分析，最终提出相应的政策建议。

6.1 研究背景、意义与研究思路

实际上，本章的研究工作可以视为是第5章研究内容的微观切片。通过分析某一具体高校的情况，可以为国家和学校层面的教育管理者提供更为详尽的决策依据。

6.1.1 宏观预测与微观预测的关系

宏观预测是指对整个国家或一个地区、一个部门发展前景的预测。它是以整个社会作为考察对象，从整体上对某个领域或系统未来发展趋势进行预测，研究社会发展中各项有关指标的发展水平、发展速度、增长速度以及相互间结构、比例和影响的关系。一般来说，宏观预测侧重考察宏观经济、社会、政治等因素对未来发展的影响，具有较广泛的预测应用范围。例如，对未来5年中国经济增长的预测、对未来10年全球气候变化的预测等。

微观预测则更侧重于对某一具体预测目标（如一家企业、一个产品、一项技术、一项工艺等）的发展前景进行预测。通常，它以某一具体单位的具体活动作为考察对象，考虑的是这些对象本身的特性、变化和趋势。例如，对某个企业的未来5年销售额的预测、对某个人的未来职业发展的预测等。

宏观预测通常是由微观预测综合而成的。宏观预测所关注的整体发展趋势，是由各个微观对象的变化综合而来的。具体到研究生教育发展预测，特别是在世界一流大学建设预测上，宏观预测关注在特定时间点，中国能够建成的世界一流大学的数量，是站在国家层面的预测。对于预测中国未来世界一流大学建设成果，需要考察各高校教育教学、科技建设、人才培养等微观因素的综合作用。

同时，宏观预测也可以为微观预测提供参考和依据。宏观预测所得到的整体趋势和发展规律，可以作为微观预测的基础和指导。例如，对于预测某一所具体的高校是否能够在一定的时间段进入世界一流大学行列，可以从宏观层面出发，观察国家教育发展的趋势和行业变化的规律，对各高校学科建设等微观因素进行调整、分析和预测。

简言之，宏观预测能够为教育管理者提供整体上的认知，而微观预测将进一步帮助其决定重要资源的分配，并对教育成效进行合理评估。

6.1.2　世界一流大学建设成效预测的意义

在数智时代，借助机器学习方法探究研究生教育的最佳形式，是对科教兴国、人才强国政策的有力支持。世界一流大学建设成效预测是高等教育评价体系理论指导下的中国世界一流大学评价手段，为解决我国以往高等教育建设中存在的身份固化、竞争缺失、重复交叉等问题提供了现实方案。世界一流大学建设成效预测以机器学习方法为基础，通过对高等学校有关数据的收集和深入分析，构建模型分析某一具体高校建设世界一流大学的成效，动态呈现中国世界一流大学发展过程，为多元主体价值判断和科学决策提供客观依据。

特别需要指出的是，第 5 章的研究工作聚焦于我国在特定时间段建成世界一流大学的数量。要进一步将后续的工作落地，还需要研究"建设"与"建成"的关系。国家为一些高校投入大量资源，希望其能够早日进入世界一流大学行列。但是，我们目前仍然缺乏有效的定量分析工具来预测这些学校能否达成目标，或什么时候能达成目标。

通过本章的研究，我们将构建机器学习模型，其能够有效判断一所高校在特定的时间点能否进入世界一流大学行列。这不仅将丰富教育发展预测的理论研究成果，还能够为顶层和基层教育管理者做出合理的决策提供定量化的数据支持。

6.1.3　本章的研究思路

尽管中国高校在建设世界一流大学方面取得了显著的进步，但不同学校之间的差异较大，在建设世界一流大学的过程中选择的路径也会存在不同。因此，本章的预测工具既要分析哪些指标会影响一所高校进入到世界一流大学行列，还要预测该高校在何时能够达成这一目标。

本章的主要研究思路如下。首先，站在高校的角度，通过文献调研、文本分析等手段归纳影响国内高校进入世界一流大学行列的潜在指标，并根据这些指标采集相关的数据，进行清洗和预处理。其次，我们构建并训练了逻辑斯蒂分类模型和随机森林分类模型。再次，我们选择了六所具有代表性的高校，应用两个预测模型对其能否进入世界一流大学行列以及何时进入世界一流大学行列进行了预测。最后，我们总结了本章的研究工作，提出了相应的政策建议。

6.2　指标设计与数据采集

本节中，我们将先归纳可能对预测结果产生影响的指标，然后通过文本分析做进一步的确认。最后，将简单介绍数据采集和整理的过程。

6.2.1　指标选择

为了获得能够影响中国高校进入世界一流大学行列的指标，我们首先通过文件查阅和文献梳理进行了初步归纳。

通过对《统筹推进世界一流大学和一流学科建设总体方案》、《统筹推进世界一流大学和一流学科建设实施办法（暂行）》、《关于高等学校加快"双一流"建设的指导意见》、《"双一流"建设成效评价办法（试行）》和《关于深入推进世界一流大学和一流学科建设的若干意见》等文件的研读，我们认为，我国世界一流大学建设主要包括建设一流师资队伍、培养拔尖创新人才、提升科学研究水平、着力推进成果转化四个方面。因此，在选择具体指标时，力争要涵盖上述几个方面。同时，指标的数量也不必过多，应选择具有代表性的指标，能够反映世界一流大学的建设成效。

因为本章的研究是围绕具体高校的情况展开的，所以各项指标的数据都是针对高校的。因此，与第 5 章中所选择的指标不同，本章中我们重点关注教育和科研两个层面的指标，不再考虑经济方面的因素。更具体地，在本章中，我们主要选择了教育和科研两个方面的指标：教育方面的指标反映了大学的人才培养质量、教育教学水平和师资力量；科研方面的指标则反映了大学的学术研究水平和创新能力。这两方面的具体指标，分别对应了大学的两个核心目标：人才培养和科学研究（胡华，2020）。

1. 教育方面

在教育方面，我们初步选择了两类指标。一类是各类型学位的授予数量，包括"学士学位授予数"、"硕士学位授予数"和"博士学位授予数"。学位授予数量不仅反映了一所高校的办学规模，其数量的逐年变化还能有效反映出一所高校教育水平的发展情况。学位授予数量越多，在一定程度上能够说明该高校培养的人才数量越多、质量越高。

另外一类则是各类教师的数量，包括"正高级职称教师数量"、"副高级职称教师数量"和"中级职称教师数量"。高校教师群体的情况能够较为直接地反映出一所高校的人才培养能力。具有高级职称的教师数量越多，说明该大学拥有越多具有高水平学术背景和经验的师资队伍，能够完成更高质量的教学和科研任务。考虑到数据获取的难度（见第 3 章的讨论），我们无法收集到其他更有代表性的教师群体数量，所以，本章研究中只使用了高校中各类职称的教师数量。

2. 科研方面

在科研方面，我们初步考虑了三类指标。第一类是各高校发表论文的相关情况。在很多针对高校的评价体系中，论文发表都是其中有重要权重的一项指标。在本章研究中，我们尽可能丰富各高校与论文发表有关的数据。在论文发表数量方面，我们设置了四项具体指标，分别为：国际期刊论文总量、SCI 发文量、学术期刊总发文量和国内核心期刊（北大核心）发文量。同时，论文被引频次显然也是衡量论文水平和学术影响力的重要因素，因此，本章还考虑了"高被引论文数量"和"学术期刊论文被引频次"。国际期刊论文总量、学术期刊总发文量、SCI 发文量、国内核心期刊（北大核心）发文量反映了一所高校的科研规模和实力；高被引论文数量和学术期刊论文被引频次则反映了一所高校在学术界的地位和影响力。

第二类是各高校承担重大科研项目的情况。高校教师承担国家科研项目的情况，一方面反映了高校的科研水平、科研实力，另一方面也能够说明高校响应国家社会需求的能力（刘静，2022）。具体地，我们考虑科研项目所代表的学术水平和社会影响力，选择了两个指标，分别是：国家自然科学基金重大项目和重点项目数量、国家社会科学基金重大项目和重点项目数量。两类项目的立项不仅要求研究课题有学术价值和创新性，还需要研究团队具备较高的研究能力和水平，是评价高校科研水平和能力的重要依据之一。

第三类则是各高校的科研获奖情况。科研获奖是国家和社会层面对一所高校科研成果的认可，显然也是对高校科研水平的一种有效评价方式。科研奖项不仅反映了高校在学科领域的研究质量和创新能力，同时也激励了科研人员积极投身科研工作，提高科研成果的质量和数量，增强高校在国内外的影响力和竞争力。其中，国家科学技术奖是国内一类较为重要的科研奖项，包括国家最高科学技术奖、国家自然科学奖、国家技术发明奖、国家科学技术进步奖和国际科学技术合作奖。我们代表性地选取"国家科学技术奖数"指标来衡量各高校的科研获奖情况。

综上，我们初步设定的指标体系如表 6.1 所示。

表 6.1　世界一流大学影响因素指标体系

一级指标	二级指标
教育	学士学位授予数
	硕士学位授予数
	博士学位授予数
	正高级职称教师数量
	副高级职称教师数量
	中级职称教师数量
科研	国际期刊论文总量
	SCI 发文量
	学术期刊总发文量
	国内核心期刊（北大核心）发文量
	高被引论文数量
	学术期刊论文被引频次
	国家科学技术奖数
	国家自然科学基金重大项目和重点项目数量
	国家社会科学基金重大项目和重点项目数量

6.2.2　基于文本分析的研究指标验证

为了能够对上述指标体系的有效性、可靠性做进一步的验证，我们选择采集国内高校有关"双一流"建设的文件进行文本分析。

国内高校的"双一流"建设文件中，通常凝练了高校的现状、存在的问题、建设方向等内容。通过文本分析，可以对国内高校在建设世界一流大学过程中的主要发力点进行总结，也可以与前文给出的指标体系进行对照。

具体地，我们采集了国内五十余所高校在 2017 年至 2022 年间发布的"双一流"建设相关文件，总计约 60 万字。应用 ROST CM 6 软件（见 4.5 节），我们将其保存为文本文档（扩展名为.txt 的文档）做了分词处理，并进行了词频统计。为方便后续的统计与观察，只选取排名前 100 的高频特征词，如表 6.2 所示。

表 6.2　高校政策文件高频特征词

排名	词	词频	排名	词	词频
1	建设	6004	28	基础	1174
2	学科	5347	29	重大	1166
3	发展	3242	30	平台	1153
4	人才	3077	31	合作	1150
5	创新	2910	32	科技	1113
6	培养	2687	33	科学	1109
7	一流	2594	34	战略	1092
8	学校	2221	35	能力	1077
9	体系	2105	36	成果	1075
10	研究	2009	37	教学	1064
11	国家	1983	38	质量	1050
12	机制	1899	39	建立	1025
13	加强	1859	40	评价	1023
14	教育	1739	41	工程	1023
15	推进	1610	42	全面	989
16	提升	1564	43	资源	986
17	完善	1564	44	技术	971
18	大学	1514	45	教师	966
19	学术	1505	46	项目	882
20	科研	1456	47	坚持	855
21	服务	1445	48	队伍	851
22	管理	1431	49	领域	839
23	水平	1382	50	推动	830
24	特色	1360	51	重点	823
25	文化	1305	52	交叉	821
26	改革	1204	53	社会	816
27	中国	1181	54	计划	809

续表

排名	词	词频	排名	词	词频
55	学生	807	78	核心	595
56	中心	778	79	交流	591
57	优势	767	80	作用	590
58	融合	748	81	引领	586
59	研究生	745	82	实现	585
60	开展	726	83	规划	579
61	课程	716	84	健全	573
62	形成	715	85	积极	573
63	制度	712	86	提高	570
64	构建	711	87	一批	562
65	模式	684	88	协同	556
66	办学	681	89	优秀	539
67	进一步	679	90	政治	537
68	强化	677	91	团队	536
69	目标	663	92	治理	530
70	组织	659	93	转化	525
71	打造	658	94	理论	524
72	优化	645	95	支撑	516
73	落实	643	96	领导	503
74	发挥	628	97	探索	483
75	深化	613	98	促进	475
76	思想	608	99	社会主义	470
77	需求	605	100	保障	466

通过对表中的高频词语进行归纳，可以看出国内高校"双一流"建设文件的重点，主要表现在学科建设、学科发展、人才培养、创新等方面，其中出现频次较高的高频词有"建设""学科""发展""人才""创新"。

为了更直观地展现出政策文件中的关键词以及重要词汇，我们对国内高校"双一流"建设文件中的关键词进行了可视化。我们得到的高频特征词云图如图 6.1 所示。

图 6.1　高频特征词云图

　　同时，通过对文件中高频词的进一步归纳整理，我们可以归类得到四类主要的高频词分类以及相应的高频词（表 6.3）。

表 6.3　主要高频词分类

高频词分类	对应高频词	举例
学科建设	优势学科	集成优势学科群 做强做大优势学科 加强前沿和优势学科发展
	学科培养	跨学科培养体制机制 交叉学科培养专项招生指标 跨学科培养项目
	一流学科	世界一流学科 一流学科建设
	学科创新	跨学科创新平台 优势学科创新平台
科研建设	科研建设	推进科研项目建设 国际科研合作 加快科研成果向现实生产力转化
	科研管理	完善科研管理综合系统
	科研创新	科研创新体系

续表

高频词分类	对应高频词	举例
人才培养	人才培养机制	人才培养基地 人才培养体系 国际联合人才培养 创新联合培养人才新机制 培养人才第一资源
	人才创新	高层次人才创新 基础学科人才创新 新经济人才创新创业联盟 激发科技人才创新活力
机制完善	教育机制	完善教材管理机制 整改落实机制
	人才机制	完善干部选拔任用机制 完善考核机制 改革和优化团支部设置方式和运行机制 健全思政课教师队伍培养培训机制

　　进一步，基于上述高频词，我们可以得到有效词表，进而创建共线矩阵后绘制网络图，实现对国内高校"双一流"建设文件的社会语义网络分析。从图 6.2 中可以看出，该社会语义网络图由"核心圈词汇—中间次核心圈词汇—边缘层词汇"三个圈层的词汇组成。核心圈词汇表明了各高校围绕"学科""人才""创新"进行发展建设。次核心圈对国内高校"双一流"建设的核心圈词汇进行了补充，涉及教育体制、人才培养等。最外层词汇是对核心圈词汇和中间次核心圈词汇的进一步补充，详细描述一流大学建设的提升重点或潜在问题：如加强优势学科建设、推进一流学科建设，进行教育改革、进行创新体制改革，持续开展具有中国特色的教育，等等。

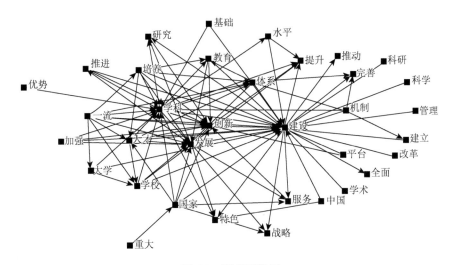

图 6.2　语义网络图

　　总结文本分析的结果，可以发现，国内高校"双一流"建设的关键词是"学科"、"人才"和"创新"。我们认为，表 6.1 给出的指标体系能够较好地与国内高校的建设重点相契合。"人才"与教育密切相关，"创新"可以通过科研层面的指标来代，而"学科"层面的数据获取难度极大（见 3.3 节），因此，我们暂时不予考虑。

　　综上，我们在本章中将使用表 6.1 的指标体系开展具体的预测工作。

6.2.3　数据采集和整理

　　为了预测国内高校能否以及何时进入世界一流大学行列，我们的研究首先需要选择一定数量的国内高校作为主要的研究对象（包括构建训练集和选择预测对象）。那么，研究所选择的高校既要有代表性，又能够分析其建设世界一流大学的成效。考虑到"985 工程"、"211 工程"和"双一流"分别代表了我国高等教育发展中三个重要的历史阶段，每个阶段所选定的高校都具有一定的代表性和较高的教育科研水平；同时，教育界也普遍认可这些高校是我国高等教育的精华和支柱。因此，我们将这三类高校取并集，即选取所有被认定为"985工程"、"211 工程"和"双一流"的高校。经统计筛选，最终有 116 所高校被纳入本章的数据采集范围。

　　结合表 6.1 所示的两类不同指标，我们通过不同的渠道采集了相应的数据。教育层面的指标数据由国家自然科学基金重点项目"'互联网＋'时代研究生教育管理变革与创新研究"中的合作单位——教育部学位与研究生教育发展中心的相关部门提供，而科研层面的指标数据则来自中国知网的"中国高校科研成果评价分析数据库"。上述指标数据采集的时间段范围均为 2008 年至 2022 年。

　　在进入世界一流大学行列的门槛值选取上，本章首先尝试选取上海软科大学榜的前 300 名作为进入世界一流大学行列的依据。但结合前文所确定的学校范围，我们发现，所采集到的数据集中，带有正向标签（即进入世界一流大学行列）的高校数量非常有限，仅占总数据的 10%。这种不平衡的数据分布可能导致机器学习模型在训练过程中发生过拟合，即模型倾向于将所有未来预测的数据都分类为负向，以降低模型预测错误的可能性。因此，为避免这种情况发生，确保机器学习模型的合理性，我们进一步降低准入门槛，以某所高校是否进入上海软科大学排行榜前 400 名作为是否进入世界一流大学行列的标准[①]，并将进入和未进入分别标记为 1 和 0。

---

　　① 该门槛值的选取与我们所确定的国内高校范围密切相关。如果按第 5 章的定义（进入上海软科大学排行榜前 500 名），则标记为 1 的数据过多，也会在一定程度上影响机器学习模型的拟合效果。

经过数据清洗、标准化处理后，我们共获得 15 项指标共 1973 条数据，其中包括 398 条正向标签数据（记为 1 的数据）、1575 条负向标签数据（记为 0 的数据）。

6.3　预测模型构建

本章的研究工作是预测某一所具体高校能否在某个年份进入世界一流大学行列。因此，这里需要解决的是一个典型的二分类问题。

能够解决二分类问题的机器学习模型很多，经过对多种不同模型的训练和测试，我们最终选择了逻辑斯蒂分类模型和随机森林分类模型。下面将分别详细介绍这两种模型的构建过程。

6.3.1　逻辑斯蒂分类模型

逻辑斯蒂分类模型是基于线性回归的一种常用分类方法，广泛应用于各个领域的数据挖掘和机器学习任务中。

在本章的研究中，我们将前文选取的 14 项自变量指标作为模型的输入特征；将"是否进入世界一流大学行列"作为模型输出的因变量，标记值为 0 或 1，用于指示该高校是否进入世界一流大学行列。通过逻辑斯蒂分类模型对这些特征进行学习和建模，我们可以预测某所高校是否具备进入世界一流大学的实力，并深入探究影响高校进入世界一流大学的关键因素。

我们采用基础的逻辑斯蒂分类模型，即采用 70% 的数据集作为训练数据进行训练。所涉及的模型参数包括：设置常数项、误差收敛条件和最大迭代次数等，具体模型参数如表 6.4 所示。

表 6.4　逻辑斯蒂分类模型参数设置

参数名	参数值
训练用时	0.41 秒
数据切分	0.7
数据洗牌	否
交叉验证	否
正则化	无
设置常数项	是

续表

参数名	参数值
误差收敛条件	0.001
最大迭代次数	1000

在得到训练模型后，我们使用剩余 30% 的数据作为测试集进行测试。该模型的拟合效果如表 6.5 所示。可以发现，我们所采用的逻辑斯蒂分类模型在训练集上表现良好，在测试集上的准确率、精确率都超过了 0.85，说明该模型分类效果良好。同时，精确率和召回率的调和平均 $F1$ 得分也很高，说明模型可以兼顾召回率和精确率。

表 6.5　逻辑斯蒂分类模型评估效果

数据集	准确率	召回率	精确率	$F1$
训练集	0.976	0.976	0.976	0.976
测试集	0.867	0.867	0.866	0.864

但是，由于逻辑斯蒂分类模型的处理过程类似于黑箱，我们无法准确得知哪些指标对分类结果影响更大。因此，我们进一步使用随机森林分类模型进行研究。

6.3.2　随机森林分类模型

与第 5 章的研究工作类似，本章我们也选用了随机森林模型。但在这里，我们使用随机森林模型来进行 0-1 分类。尽管目标变量的变化对模型的训练产生了影响，但随机森林模型固有的收敛速度快、拟合效果好的特点仍然适用于本章的分类任务。

与逻辑斯蒂分类模型类似，我们使用 70% 的数据作为训练集对随机森林分类模型进行训练。所采用的具体模型参数如表 6.6 所示。

表 6.6　随机森林分类模型参数设置

参数名	参数值
训练用时	0.385 秒
数据切分	0.7
数据洗牌	否

续表

参数名	参数值
交叉验证	否
节点分裂评价准则	Gini
决策树数量	100
有放回采样	是
袋外数据测试	是
划分时考虑的最大特征比例	auto
内部节点分裂的最小样本数	2
叶子节点的最小样本数	1
叶子节点中样本的最小权重	0
树的最大深度	10
叶子节点的最大数量	50

注：Gini 即基尼系数，是一种衡量节点纯度的指标，在决策树中，基尼系数用于选择最佳的分割点，以使分割后的子节点尽可能纯净；auto 意味着划分时的特征数量最多为所有特征数量的平方根

在使用剩余 30%的数据进行测试时，我们可以对该随机森林分类模型的拟合效果进行总结，具体数据如表 6.7 所示。可以发现，该随机森林分类模型在训练集表现良好，在测试集上的准确率、精确率都超过了 0.88，说明模型分类效果良好。同时，obb 得分接近 1，说明模型泛化能力较佳，在新数据上的应用效果良好，可以用于后续结果预测。此外，我们选用随机森林分类模型的另一个重要出发点是，随机森林分类模型可以呈现出各个指标的重要程度（表 6.8）。

表 6.7　随机森林分类模型评估效果

数据集	准确率	召回率	精确率	$F1$	obb 得分
训练集	1	1	1	1	0.976
测试集	0.896	0.896	0.898	0.893	—

表 6.8　各指标重要性

指标名称	指标重要性
SCI 发文量	31.10%
博士学位授予数	19.80%
高被引论文数量	9.20%

续表

指标名称	指标重要性
正高级职称教师数量	8.60%
硕士学位授予数	5.80%
国内核心期刊（北大核心）发文量	3.40%
副高级职称教师数量	3.30%
国际期刊论文总量	3.10%
学术期刊论文被引频次	2.60%
国家自然科学基金重大项目和重点项目数量	2.40%
学术期刊总发文量	2.20%
学士学位授予数	1.80%
中级职称教师数量	1.70%
国家社会科学基金重大项目和重点项目数量	1.00%

注：由于大量样本的"国家科学技术奖数"数据为0，因此在随机森林模型的分析中，剔除了这一指标

通过表 6.8，我们可以得到以下几点结论。

第一，最重要的指标是 SCI 发文量。尽管发文量目前已不是评价高校的决定性指标，但是 SCI 收录的研究成果代表着自然科学尤其是基础科学研究的最高水准，一个国家科技论文被 SCI 收录和引用的情况，是评价该国的国际学术地位、基础科学研究水平、科技实力和科技论文质量的一个重要指标。从随机森林分类模型中，反映出一所高校的 SCI 发文量仍然与其能否进入世界一流大学行列有密切联系。而且，该指标的重要程度明显高于其他指标。因此，对该指标数据的关注仍然非常重要。

第二，重要性排在第二的指标为博士学位授予数，同时，高被引论文数量和正高级职称教师数量的重要性也都超过了 8%。这基本符合我们的直观判断。博士研究生是高校中除了教师之外最为重要的科研力量，博士学位授予数则代表了一所高校的高端人才培养能力。因此，博士学位授予数与高校进入世界一流大学行列之间有密切联系。此外，高被引论文数量展示了科研成果的学术影响力，而正高级职称教师数量则呈现了高校高水平人才的数量，这两个指标也都与能够进入世界一流大学行列有较强的相关性。

第三，有三个指标的重要性低于 2%，分别是学士学位授予数、中级职称教师数量及国家社会科学基金重大项目和重点项目数量。在世界一流大学的评价中，科研指标通常更加重要。本科生的数量和质量，更多的是衡量一所高校的教学能力和水平；同时，中级职称教师虽然存在发展潜力，但其在成果发表和学术影响

力方面仍然与高级职称教师有差距。因此，这两个指标的重要性较低。国家社会科学基金重大项目和重点项目数量这一指标重要性较低，可能是因为研究所选择的 116 所高校中综合类高校和理工类高校较多，文科类高校较少，导致了国家社会科学基金项目重要性下降。同时，国家自然科学基金重大项目和重点项目基本涵盖了除了社会科学以外的学术领域，学科面涉及较为广泛，在进行综合性评价时指标贡献度远高于国家社会科学基金项目指标。

6.4　预测结果分析

本节将对比分析不同模型的预测结果。结合 6.3 节中的逻辑斯蒂分类模型和随机森林分类模型，我们将选择几所有代表性的高校，对其能否进入世界一流大学行列进行分析和对比。

在本节中，为了对所选择高校是否能够进入世界一流大学行列进行预测，与第 5 章类似，我们也需要对这些高校各项指标在未来一段时间的数据进行预测。简单起见，我们统一选择了灰色预测模型 GM(1, 1) 对各项指标数据进行外推，再将外推结果代入逻辑斯蒂分类模型和随机森林分类模型中。由于本章模型所考虑的指标数量较多，所以，我们在正文中不列出各指标的预测结果，而是直接展示最终各高校能否进入世界一流大学行列的预测结果。

6.4.1　代表性高校选择

在本章中，我们采集了 116 所高校的数据，其中清华大学、北京大学等高校已经进入世界一流大学行列，这里不再考虑。为了能够获得有典型性和说服力的结果，我们从代表性、预见性、全面性、科学性四个基本原则出发，选取了三所综合性大学和三所具有不同学科特点的高校。

（1）代表性指选取不同类型的高校进行评价可以反映不同类型高校的发展情况和差异性。综合性大学通常拥有较全面的学科覆盖，而学科特点鲜明的高校则更具有深度和特色，通过对选取学科特点明显的高校进行评价，可以更加具体地了解高校在该领域内的优劣势，更好地反映其实际水平。

（2）预见性指对于高校未来的发展，不同类型的高校存在不同的发展趋势和瓶颈。通过对不同类型的高校进行评价，可以更好地预测其未来的发展方向和挑战。

（3）全面性指选取不同类型的高校进行评价可以更全面地反映高校的综合实力和学术水平，从而更好地了解其在国内和国际上的竞争力与地位。

（4）科学性指选取多个高校进行评价可以避免评价过程中的个人主观性和偏见，更加科学客观地反映高校的实际情况。

综合考虑上述四个原则，我们从 2022 年位于上海软科大学排行榜 500 名至 800 名区间的高校中挑选了六所高校，分别称为 A 校、B 校、C 校、D 校、E 校和 F 校。六所高校的基本情况如下。

（1）A 校是中国北方的一所以理工科为主的综合性大学，在国内具有较高的知名度。A 校曾经进入过上海软科大学排行榜的前 400 名。将其纳入预测范围是因为 A 校在未来进入世界一流大学行列的可能性较大。

（2）B 校是中国西部的一所以理工科为主的综合性大学，具有一定的研究实力和学术声誉，学士学位授予数量较大，但是在社会上的知名度较低。一所名气不大，但是人才培养数量很高的学校会不会在未来有更突出的表现，是值得我们探究的。

（3）C 校是中国东部的一所文科类综合性大学，师资力量较为雄厚，在部分学科具有较高的学术影响力，其余各项指标的位次在我们采集的高校中基本处于中等偏上的位置。但 C 校知名度较低，从未进入上海软科大学排行榜前 400 名。

（4）D 校是一所财经类院校，师资力量较为雄厚，在相关学科具有较高的学术影响力，也具有一定的社会知名度。但是，D 校在数据层面的表现一般。我们希望分析这一类专业性较强的大学未来的发展趋势。

（5）E 校和 F 校也都是在国内有一定知名度的理工科专业类院校，在其核心学科领域拥有高水平师资队伍和较高的学术影响力。但是，E 校和 F 校在数据层面的表现一般，在大众中的知名度有限。其中，F 校曾经进入过上海软科大学排行榜前 400 名。这一类有专业特色的高校也值得进行深入研究。

总体上看，这六所高校包含了三所综合性大学，以及三所以各不相同的优势学科为特色的专业性高校，以期验证模型预测的全面性。六所高校各项指标数据表现各不相同，部分高校未来进入世界一流大学行列的可能性较大，因此考虑对其进行预测分析。

6.4.2　不同模型预测结果对比

这一小节主要包括以下内容：首先，我们将分别给出六所高校在逻辑斯蒂分类模型和随机森林分类模型下的预测结果。然后，我们将针对每一所高校，对比其在逻辑斯蒂分类模型和随机森林分类模型下的预测结果，讨论其在未来进入世界一流大学行列的可能性。

1. 逻辑斯蒂分类模型预测结果

根据 6.3 节中构建的逻辑斯蒂分类模型，代入上述六所学校外推后的各项指标数据，可以得到这六所学校在 2023 年至 2035 年间能否进入世界一流大学行列的结果，如图 6.3 所示。

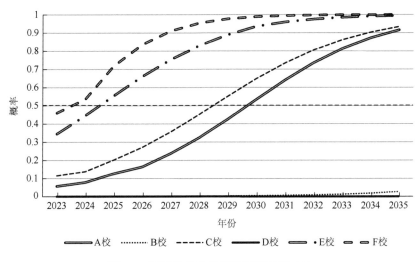

图 6.3 逻辑斯蒂分类模型预测结果对比

需要说明的是，图 6.3 中纵轴代表预测某高校进入世界一流大学行列的概率，即分类为"1"的概率。在逻辑斯蒂分类模型中，当结果为"1"的概率大于 0.5 时，最终预测结果为 1。我们可以得到如下结论。

第一，A 校、C 校、E 校和 F 校都将在 2035 年之前进入世界一流大学行列，而 B 校和 D 校则在 2035 年前不能进入世界一流大学行列。由于逻辑斯蒂分类模型无法帮助我们分析不同指标的重要程度，所以，这里很难对 B 校和 D 校的情况进行更加深入的分析。

第二，对于 A 校、C 校、E 校和 F 校 4 所高校，可以发现，它们进入世界一流大学行列的概率都是在不断增加的。这意味着这些高校进入世界一流大学行列后，会一直保持在其中。

第三，B 校和 D 校进入世界一流大学行列的概率一直很低，甚至接近于 0，没有明显增长。这意味着，除非这两所学校在指标数据上出现极大的变化，否则在相当一段时间内，它们都几乎没有可能进入世界一流大学行列。

2. 随机森林分类模型预测结果

根据 6.3 节中构建的随机森林分类模型，代入上述六所学校外推后的各项指标数据，可以得到这六所学校在 2023 年至 2035 年间能否进入世界一流大学行列的结果。

图 6.4 展示了随机森林模型的预测结果，其中，纵坐标代表了某高校进入世界一流大学行列的概率，当概率大于 0.5 时，可以认为该高校能够进入世界一流大学行列。

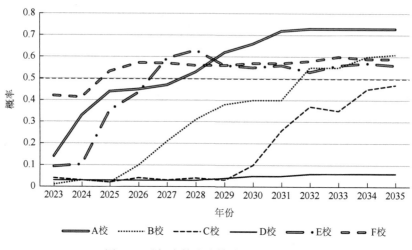

图 6.4　随机森林分类模型预测结果对比

通过图 6.4，可以得到如下结论。

第一，A 校、B 校、E 校和 F 校 4 所高校在 2035 年之前能够进入世界一流大学行列，而 C 校和 D 校在 2035 年之前无法进入世界一流大学行列。这一结果与随机森林分类模型中各指标的重要性有关。可以发现，A 校、B 校、E 校和 F 校 4 所高校是综合性大学或理工科大学，而 C 校和 D 校是文科类大学。6.3 节中构建的随机森林分类模型的各项评价指标在文理学科上的资源分配不均会导致各类具有一定特殊性的大学，尤其是文科类大学，在预测时受到一定影响。例如，在研究成果、学术影响力方面，人文社会科学领域的研究成果往往不如理工科专业具有量化、可度量的表现，期刊论文的发表难度较大，与理工科期刊数量相比较少。因此，基于这类指标预测出的结果将表现为：人文类专业性大学在进入世界一流大学的难度更大。

第二，观察 A 校、B 校、E 校和 F 校 4 所高校的预测结果，可以发现，它们进入世界一流大学行列的概率在增长一段时间后会趋于平稳，与逻辑斯蒂分类模型存在差异。原因可能在于在随机森林分类模型下，其分类策略会受到已经进入世界一流大学行列高校的指标数据的影响。所以，尽管这 4 所高校的各项指标数据都在增长，但对比国内更加优秀的高校（如清华大学），数据的变化并不足以支撑其改变进入世界一流大学行列的概率。

第三，观察 C 校和 D 校两所高校的情况，可以发现，C 校进入世界一流大学行列的概率在不断增加，到 2035 年时已经接近 0.5。这意味着，再过几年时间，C 校还是很有希望进入世界一流大学行列的。但 D 校进入世界一流大学行列的概率一直较低，增幅也不明显。这可能与随机森林分类模型所采用的训练集的高校特征有关。

整体上看，随机森林分类模型的预测结果与逻辑斯蒂分类模型预测结果，虽有不少类似之处，但也存在着明显的不同。在下文中，我们将从每一个高校出发，对其进行具体的对比分析。

3. 六所高校预测结果对比分析

这里，我们将对比上述六所高校在两类模型之下在不同年份进入世界一流大学行列的概率，并参照这些学校有关"十四五"规划或"双一流"建设的文件做进一步分析。

从图 6.5 中，可以发现，A 校在两种分类模型下都将进入世界一流大学行列，但在时间上存在差异。在随机森林分类模型下，A 校于 2028 年进入世界一流大学行列；在逻辑斯蒂分类模型下，将会再晚两年。总体上看，2030 年后，A 校将稳定在世界一流大学行列当中。

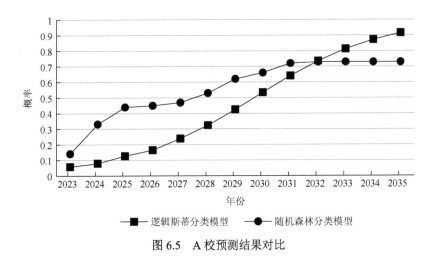

图 6.5　A 校预测结果对比

从 A 校的"十四五"规划建设文件中可以发现，其总体目标为：到 2025 年，学校综合实力显著增强，优势特色学科领域位居世界前列，并在多个领域上引领国际前沿，特色鲜明的世界一流大学建设迈上新台阶；到 2030 年，优势特色学科位居世界一流前列，学校整体实力位居国内前列。

本章的两类预测模型显示最迟于 2030 年，A 校将迈入世界一流大学行列，与学校的建设目标相符。这从侧面说明了本章预测模型及结果的合理性。

对于 B 校来说，在两种模型下呈现的预测结果完全不同（图 6.6）。在逻辑斯蒂分类模型中，B 校进入世界一流大学行列的概率始终很低；但在随机森林分类模型下，B 校将在 2032 年进入世界一流大学行列。我们分析，预测结果的较大差异可能与随机森林分类模型中各指标重要性排序相关。但值得注意的是，利用两类模型进行其余高校的结果预测时，呈现出的差异较小，这说明随机森林分类模型的指标贡献度存在一定参考价值。也就是说，一流大学发展建设不能仅仅关注一个模型中的最高贡献度指标，而是要兼顾其他、全面发展，这其实也为 B 校更好地迈向世界一流大学行列提供了重要的指引。

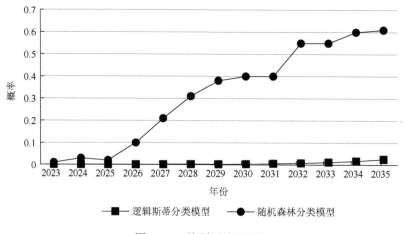

图 6.6　B 校预测结果对比

同时，B 校的一流学科建设方案中提到，其建设目标是到 2028 年具备冲击国内一流学科的实力，学校各项办学指标和综合实力进入国内一流综合性研究型大学行列。可以发现，本章的模型预测结果相比学校的建设目标更为保守。在"双一流"建设过程中，学校做出的政策调整在一定程度上可以加速其建设一流大学的进程。但这属于研究模型中较难纳入分析框架的变量。

如图 6.7 所示，C 校的预测结果与 B 校恰好相反。在逻辑斯蒂分类模型下，C 校将在 2029 年进入世界一流大学行列，而在随机森林分类模型下，C 校在 2035 年之前都无法实现这一目标。同样地，这可能与 C 校的高校性质与特色学科相关。但值得注意的是，在随机森林分类模型下，到 2035 年，C 校进入世界一流大学行列的概率已经接近 0.5。这意味着在随机森林分类模型的预测结果中，未来几年，按照 C 校的发展态势，其存在极大可能性进入世界一流大学行列，但并不确定。

C 校未对外公布"十三五"规划中期建设成果，但根据我们查阅到的文件，就其 2018 年度目标完成情况来看，离进入世界一流大学行列还有一定距离。

结合图 6.8，可以发现，在我们所选择的六所高校当中，D 校是唯一一所在两种模型之下都未能进入世界一流大学行列的，而且其进入世界一流大学行列的概率一直很低。出现这种情况，可能与随机森林模型所选择的训练集有关；但应该注意到，D 校在各项指标数据上的相对落后才是产生这种结果的根本原因。

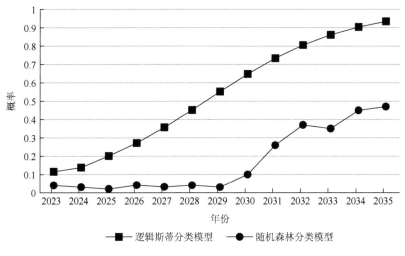

图 6.7　C 校预测结果对比

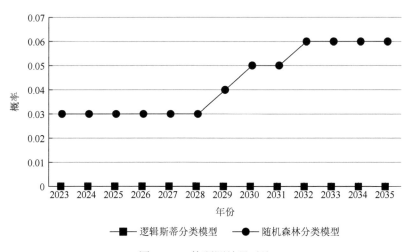

图 6.8　D 校预测结果对比

结合 D 校一流学科建设方案来看，D 校的长期目标是在 2050 年整体成为"中国特色、世界一流"的国际名校，并分阶段地将学校的整体发展规划划分为多个子目标。相较于其他高校，其计划达成目标的时间较长，确实也与模型的预测结果存在一定的相似性。

在图 6.9 中，可以发现，E 校在两种模型之下都会进入世界一流大学行列，在 2027 年之后将持续处于世界一流大学行列中。但值得注意的是，在随机森林分类模型下，2029 年之后，E 校进入世界一流大学的概率一直徘徊在 0.5 到 0.6 之间，明显低于逻辑斯蒂分类模型下的概率。这意味着，E 校有一定的风险会掉出世界一流大学行列，仍然需要关注学校建设，不能故步自封。

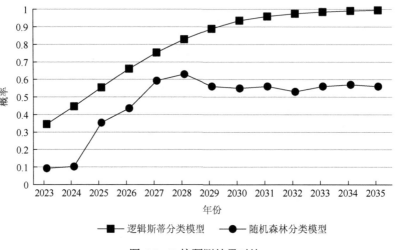

图 6.9　E 校预测结果对比

E 校"双一流"整体建设方案提到，希望于 2030 年整体进入"世界一流大学"建设行列。从预测模型结果来看，按当前学科建设和发展趋势，基本能够如期达成目标，侧面验证了预测模型的合理性。

F 校的情况与 E 校非常类似，除了在 2023 年和 2024 年进入世界一流大学行列的概率更高（图 6.10）。由于其在随机森林分类模型下，2025 年后进入世界一流大学行列的概率也在 0.5 到 0.6 之间波动，F 校也应注意掉出世界一流大学行列的风险。

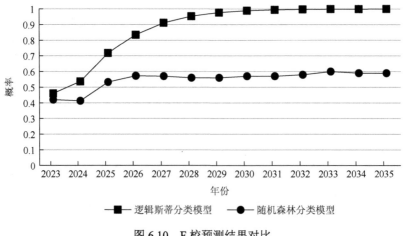

图 6.10　F 校预测结果对比

　　结合 F 校第二轮"双一流"建设文件目标——到 2025 年，特色学科整体水平保持国内领先、进入世界一流行列，形成多学科协调发展的新格局，并在 21 世纪中叶全面建成特色鲜明的世界一流大学来看，本章中模型预测的结果较为乐观，但在实际建设过程中仍然可能存在掉出一流大学行列的风险。

　　综合上述六所高校在不同预测模型下的结果，我们还能得出如下结论。

　　第一，A 校、E 校和 F 校在两种不同的分类模型下都能够在 2035 年之前进入世界一流大学行列，只是年份有一定差别。同时，两种分类模型给出的这 3 所学校进入世界一流大学行列的概率也有所区别。因此，应结合具体的情况（前文中已有分析），来进行有针对性的决策。

　　第二，B 校和 C 校在两种分类模型下呈现的结果恰好相反。这不意味着这两所学校必然能（或者不能）进入世界一流大学行列。从不一致的结果中，教育管理者反而能够挖掘出更多的内涵，更有可能发现高校在发展中存在的短板，从而更好地为建设世界一流大学找准方向。

　　第三，仅有 D 校一所高校在两种分类模型之下都不能进入世界一流大学行列。如果不同的机器学习模型给出了同样的结果，那么，在更大程度上能够说明预测结果是相对可靠的。这意味着对于学校的管理者来说，更应该从自身寻找问题，发现哪些关键指标相对落后，从而更有针对性地选择有效的路径来加强自身建设。

6.5　结　　论

　　在本章中，我们构建了两类不同的机器学习分类预测模型，对特定高校能否以及何时进入世界一流大学行列进行了预测。

　　从机器学习预测模型角度看，本章的研究有以下主要特征。

　　（1）预测明确性：两类分类预测模型都能够给出明确的二分类预测结果，即是否进入世界一流大学行列。在每个时间点上，模型通过分析预测结果为"1"的概率，判断一所高校能否进入世界一流大学行列。

　　（2）线性边界限制：逻辑斯蒂分类模型使用线性决策边界，这意味着它可能无法很好地适应复杂的非线性关系，尤其是当数据存在复杂交互影响时，预测能力可能受限。然而随机森林分类模型的非线性边界能够更好地捕捉复杂的非线性关系，适用于数据存在多重影响因素的情况，预测能力更强。

　　结合本章选择的六所代表性高校的情况，我们发现，在逻辑斯蒂分类模型下，A 校、C 校、E 校和 F 校在 2035 年前有较高的概率进入世界一流大学行列，而 B 校和 D 校的概率较低，趋势相对稳定。然而，该模型并不能提供有关不同指标的重要性信息，难以深入分析 B 校和 D 校的状况。在随机森林分类模型的预测结果中，A 校、B 校、E 校和 F 校有较高的概率在 2035 年前进入世界一流大学行列，

C 校的概率逐渐增加且接近 0.5，D 校的概率较低，增幅不明显。这与随机森林分类模型更能捕捉不同指标的影响关系有关。

当然，不同的机器学习方法都会有自身的优点和不足之处。本章的研究工作所构建的两类分类预测模型能够在一定程度上解决国内高校建设世界一流大学的成效预测问题，但可能也无法完善地覆盖不同类型高校的情况。在未来的研究中，可以根据具体情况选择适合的模型，或者结合不同预测模型的优点进行综合分析，以获得更加合理和准确的预测结果。

通过本章的研究工作，我们对某所高校能否在一定时间段内进入世界一流大学行列进行了较为深入的研究。根据本章的研究结果，我们对国内高校如何更好地建设世界一流大学还有如下建议。

1. 针对宏观层面的教育决策者

首先，教育决策者要保障世界一流大学建设的政策支持。高校的发展和科研成果建设离不开中央和地方的政策指导，比如目前已取得重大成果的"985 工程""211 工程"，为中国建成了一系列优秀的高校。2015 年开始的"双一流"建设项目，则是符合中国当下建设世界一流大学要求的重要决策部署。在"双一流"建设过程中，中央和地方政府应切实贯彻"管办评分离"的原则，可以结合本章的研究思路对各高校的建设成效进行预测，进而协助制定宏观政策，通过参与大学外部治理来实现国家意志和政府利益。同时，继续加大对基础研究和应用研究的投入，提高科研质量和影响力。科研水平的提升将有助于高校在国际学术界的声誉，进而提升其进入世界一流大学行列的机会。

其次，教育决策者要深化教育改革，促进人才引进和培养，制定和推动政策，吸引国内外优秀学者加盟，培养和培训高水平的人才，提高教育质量和培养国际化人才的能力。在制定好宏观政策的基础上，中央和地方政府要确保大学有良好的外部发展环境，为高校自主建设发展提供适宜的土壤。教育决策者可以基于本章的研究思想，判断各高校建设世界一流大学的成效，根据具体情况加强对建设世界一流大学的支持。此外，教育决策者还应该建立相应的科研激励制度，鼓励学校进行创新性研究，以提高其国际学术地位。

2. 针对学校层面的教育管理者

首先，高校应该增强高校与企业、政府等社会力量的合作，以促进产学研一体化的发展。这种合作有助于将学术研究与实际需求相结合，推动科研成果的应用，同时也为学生提供更多实践机会，培养更具市场竞争力的人才。

其次，应扩大高校与其他国家世界一流大学的交流与合作，引进国际优质教育资源，从而推动高校的国际化水平提升，鼓励学校与世界一流大学和科研机构开展合作和交流。与国际顶尖大学的合作可以促进师资队伍的国际化，拓展学科研究的国际影响力，同时也为学生提供与国际同行交流的机会，提升他们的国际竞争力。目前，多数学术研究前沿领军人物还是集中在西方发达国家，国际化可以为学校带来更广阔的视野和更丰富的资源，促进学校的发展和提高学校的国际学术地位。在各类主流的大学排行榜中，全世界的高校共同竞争，进行一流大学评价。尽管各国高校发展路径存在差异，但值得学习与借鉴的内容仍然非常丰富。

最后，高校管理者还应完善内部管理机制，优化资源配置，提高办学效益。通过更合理的资源分配，高校可以更好地支持科研和教学工作，提升教学质量和科研水平，从而增强学校整体的竞争力和影响力。

总之，为了实现建设中国一流大学的目标，学校层面的教育管理者需要加强外部合作，推动国际化发展，并不断优化内部管理，以确保学校的可持续发展和在全球范围内的竞争力。

第7章 案例3：中国高校博士研究生整体招生规模预测

各种类型的招生指标（规模）是一类重要的教育资源，也对各高校开展工作有重要的指导意义。在宏观和微观层面对招生规模进行预测，可以帮助教育决策者更好地配置各类资源，也能够帮助政府、高校做好未来的发展规划。

在本章和第8章中，我们将以博士研究生为例，分别从宏观层面（国家和省份）和微观层面（高校）对其招生规模进行预测。在本章中，我们将结合数智时代的新特点，凝练对博士研究生招生规模有重要影响的指标，结合机器学习模型和情景规划思想对全国和个别省份的博士研究生招生规模进行预测。

7.1 研究背景、意义与研究思路

7.1.1 研究背景

博士研究生是高等学校中一类非常重要的学生群体。一方面，博士研究生的培养能力和水平是一所高校人才培养层面的最重要指标。纵观全球享有盛誉的一流大学，无一不是培养了大批高水平的博士研究生，为国家的科学进步和经济发展做出了突出贡献。另一方面，博士研究生也是高校中重要的科研力量，很多重要的科研成果都少不了博士研究生的参与和贡献。因此，对于高校来说，博士研究生既是人才，也是资源。

为了能够更好地提升各个高校博士研究生的培养质量，充分发挥博士研究生在科研工作中的作用，教育部和其他相关政府部门出台了一系列政策文件来对各高校进行指导。例如，教育部和国家发展改革委在《关于下达2011年全国研究生招生计划的通知》中指出，全面提高研究生特别是博士生培养质量，切实加快培养拔尖创新人才，为建设高等教育强国和人力资源强国服务。同时，对研究生特别是博士生招生计划的学科专业结构进行认真分析，加大存量调控，利用增量安排和存量调控共同支持学校特色优势学科发展、高水平人才队伍建设和重大科研项目建设，进一步提高高层次拔尖创新人才培养能力和科学研究水平，促进高校办出特色。2017年1月，教育部、国务院学位委员会共同印发了《学位与研究生教育发展"十三五"规划》，其中明确提出了要增强招生计划服务需求的主动性。2020 年，教育部、国家发展改革委、财政部共同印发了《关于加快新时代研究生教育改革发展的意见》，其中指出，合理扩大人才培养规模，坚持供给与需求相匹配、数量与质量相统一，保持与经济社会发展相适应、与培养能力相匹配的研究生教育发展节奏，博士研究生招生规模适度超前布局，硕士研究生招生规模稳步扩大。招生规模统筹考虑国家需求、地区差异、培养条件、培养质量等因素，实行动态调整，差异化配置。

总的来看，国家对于博士研究生的招生、培养、就业等方面提出了更高的要求。其中，博士研究生的招生是整个过程的第一步。做好了博士研究生招生工作，也就为博士研究生的培养奠定了坚实的基础。

7.1.2　研究意义

在博士研究生招生工作中，确定招生指标的数量是非常重要的一个环节。作为一种教育资源，招生指标的配置会直接影响高校的诸多决策，进而会影响高校的人才培养、科学研究等领域的产出。

本章中将要研究的博士研究生招生规模预测则是招生指标配置的前置步骤。很显然，一旦预测结果发生变化，相应的招生配置也会发生改变。因此，一个合理、可靠的博士研究生招生规模预测，有着十分重要的意义。

从理论研究层面看，本章的研究将结合机器学习方法和情景规划思想来对全国/省份层面的博士研究生招生规模进行预测，为招生规模预测研究提供了新的思路，是一种学术研究视角的有益尝试。

从现实层面来看，本章的研究工作站在宏观视角，对全国层面和省份层面的博士研究生招生规模进行预测和规划，对于政府统筹安排教育资源超前布局、进行教育成效评价，都具有重要的意义。同时，站在微观视角，本章的预测研究结果也可以帮助高校更好地规划长期的发展战略。

7.1.3　本章的研究思路

过往有关招生规模的预测研究工作，更多采用时间序列预测的思想。然而，随着内外部环境的不断变化，各类型学生的招生规模会受到各种因素的影响。例如，新冠疫情发生后，考虑到学生出国和就业方面存在的明显挑战，国家适当扩展了硕士研究生的招生规模。因此，数智时代的招生规模预测必须更广泛地考虑各种因素的潜在影响。

本章的研究思路如下：首先，我们梳理影响宏观层面博士研究生招生规模的潜在因素，并进行数据采集和整理。其次，我们构建了 BP 神经网络模型和随机森林模型，并结合情景规划思想讨论了需要进一步分析的具体场景。再次，在指标数据外推的基础上，我们给出了两种模型下的预测结果，并针对特定情景做了进一步分析。最后，我们总结了本章的研究工作，提出了相应的政策建议。

7.2　指标设计与数据采集

在本节中，我们将结合本章的研究对象，首先梳理可能影响博士研究生招生规模的主要指标。然后，将介绍研究的数据来源，并对采集到的数据进行简单描述。

7.2.1　指标设计

为了能够确定对博士研究生招生规模产生影响的因素，我们从决策过程和文献研究两个侧面进行了梳理。

一方面，根据前期的调研，目前全国层面博士研究生招生规模的决策过程如下：教育部和国家发展改革委共同会商，集体决策，形成一致意见后纳入计划草案报国务院，国务院研究同意后报请全国人大审查核准后，再由两部委组织各地执行。

在上述过程中，教育管理者需要考虑各个高校的投入产出，通过对其绩效进行评价，确定各个层面的博士研究生招生规模。因此，我们认为，应从高校的主要功能出发，总结影响博士研究生招生规模的主要因素。

另一方面，我们梳理了现有的文献研究。现有的研究普遍认为，高校主要有三大功能：教学、科研和社会服务，并基于此探讨对高校进行评价的方式。例如，王春晖（2016）指出了从财务指标进行高校评价的局限性，并从高校功能出发，给出了高校评价指标体系，构建了人才培养、科学研究、社会服务、文化传承四个方面的指标体系。在此基础上，李昆奇和毛国育（2022）提出了基于功能定位的高校评价指标体系，延续了三大功能下的评价，给出了更为细致的二级指标。

在此基础上，我们对与招生规模相关的研究文献进行了检索，发现现有的研究工作主要从区域公平、办学条件、协调发展这三个方面进行分析。例如，董业军（2012）对我国地方高校招生计划地区分配模型指标体系进行了研究，认为招生规模应反映高等教育入学机会公平程度和高等教育资源配置均衡程度，进而体现"人""财""物"三方面的要素投入。

结合上述两个层面的研究和思考，我们认为，影响博士研究生招生规模的主要因素可能包括：博士点规模、科研经费、科研平台、人才队伍、效益指标等。同时，国家的政策、社会的需求都会对博士研究生招生规模有直接的影响。在资源有限的前提下，招生数量越大，教育质量越低。因此，博士研究生招生规模需要符合国家宏观发展战略，遵循博士研究生培养的基本规律，与博士研究生教育的支撑条件相适应。

在初步考虑数据可获得性的前提下，我们划分了三类对博士研究生招生规模有潜在影响的因素，分别是经济因素、人口因素和教育因素。

1. 经济因素

经济方面，我们考虑了"人均 GDP"和"国家财政性教育经费"。人均 GDP 代表了国家或省份的整体经济实力，经济实力越强，越有可能支撑域内高校招收更多的博士研究生。国家财政性教育经费则代表了政府对教育活动的投入，尽管这些投入不是全部用于博士研究生培养，但政府的投入越多，高校就拥有更多的资源来支持博士研究生培养工作。

2. 人口因素

人口方面，我们分析了三个因素，分别是"适龄人口数"、"本科生毕业人数"和"硕士研究生毕业生数"。近几年，中国人口增长率的变化比较明显，特别是在 2022 年，中国出现了人口总量的负增长；而不同省份之间的人口增长率也有比较明显的差异。长远来看，人口增长率的变化必然会给人才的供给和需求带来影响，进而也会影响到博士研究生招生规模。因此，根据不同年份的出生人口数，我们推算出特定年份年龄在 22 周岁至 30 周岁的人口总数，再结合当前情况计算博士研究生适龄人口的比例。采用适龄人口数作为指标，可以在一定程度上避免预测的招生规模出现增长过快的情况，因为招生规模应该在适龄人口数量范围内。本科生毕业人数和硕士研究生毕业生数则代表了一定时间内的人力资本数量，这将成为博士研究生招生的基础。

3. 教育因素

在教育因素方面，"博士研究生导师数量"、"研究生培养单位数量"和"博士研究生在校生数"代表了国家或各个省份的博士研究生培养能力。这几个因素的数据越高，说明能够承载更多的博士研究生培养任务。"博士研究生毕业生数"则从产出视角展示了博士研究生的培养能力。上述四个因素，也与国家或各省份的博士研究生招生规模存在密切的关联。

总体上，我们认为，影响博士研究生招生人数指标的主要因素如表 7.1 所示。

表 7.1　博士研究生招生规模影响因素

一级指标	二级指标	解释
经济	人均 GDP	经济发展现状
	国家财政性教育经费	博士研究生教育资源
人口	适龄人口数	博士研究生入学适龄人口
	本科生毕业人数	人力资本
	硕士研究生毕业生数	
教育	博士研究生导师数量	培养条件
	研究生培养单位数量	
	博士研究生在校生数	
	博士研究生毕业生数	培养能力

7.2.2　数据采集

根据表 7.1，我们采集了与本章的预测研究有关的数据。

通过调研，我们发现目前的条件无法帮助我们采集到各个省份的博士研究生导师数量和研究生培养单位数量。虽然在国家层面，这两个因素的数据都是可以获取的，但考虑到后续的模型训练问题，只能舍弃这两个因素。

其他的 7 个因素，我们通过国家统计局年报、各省区市统计局官网，以及国家和各省区市教育部门的官方网站进行了采集。

最终，我们采集了 2004 年至 2021 年间，"人均 GDP"、"国家财政性教育经费"、"适龄人口数"、"本科生毕业人数"、"硕士研究生毕业生数"、"博士研究生在校生数"和"博士研究生毕业生数" 7 个因素以及"博士研究生招生规模"在全国层面和 23 个省份[①]的数据（其余省份的数据不全，未纳入到本章研究当中），形成了 400 余个有效样本，作为本章后续研究工作的基础样本集。

7.3　预测模型构建

为了能够对未来一段时间内，国家和省份层面的博士研究生招生规模进行预测，我们尝试了多种不同的机器学习模型（包括随机森林模型、BP 神经网络模型、LSTM 模型等）。经过对比，随机森林模型可以通过给出各个影响因素的重要性更

---

① 这 23 个省（自治区、直辖市）包括：安徽、北京、福建、甘肃、贵州、河北、黑龙江、湖北、吉林、江苏、辽宁、内蒙古、宁夏、青海、山东、山西、陕西、上海、四川、天津、云南、浙江、重庆。

好地解释模型，但随机森林模型的拟合效果欠佳。BP 神经网络模型拟合效果最好，但是神经网络模型的可解释性通常较差。因此，本节中将分别给出 BP 神经网络模型和随机森林模型，并引入情景规划工具，讨论设定几种潜在的不同场景，做进一步的分析，以提供更加可靠的政策建议。

7.3.1　BP 神经网络模型

我们将采集到的所有样本（注意：既包括全国的数据，也包括各个省区市的数据）按 8∶2 的比例划分训练集和测试集，构建 BP 神经网络模型应用训练集样本进行训练。最终，我们建立的 BP 神经网络模型的基本参数如表 7.2 所示。

表 7.2　BP 神经网络模型参数

参数名	参数值
训练用时	0.04 秒
数据切分	0.8
数据洗牌	否
交叉验证	否
激活函数	identity
求解器	L-BFGS
学习率	0.1
L2 正则项	1
迭代次数	1000
隐藏第一层神经元数量	100

通过表 7.2，可以发现，模型训练仅耗时 0.04 秒，效率较高。模型中引入了激活函数 identity，适合于潜在行为是线性（与线性回归相似）的任务。模型的求解器采用了 L-BFGS 求解器，该求解器在二阶泰勒展开式进行局部近似平均损失的基础进行改进，降低了迭代过程中的存储量，可以加快收敛速率。此外，隐藏第一层的神经元数量设置为 100。这是因为，若隐藏层神经元数量太少，网络可能根本不能训练或网络性能很差；若隐藏层神经元数量太多，虽然可使网络的系统误差减小，但一方面使网络训练时间延长，另一方面训练容易陷入局部极小点而得不到最优点。

通过代入训练集进行训练并经测试集测试，我们发现该 BP 神经网络模型的拟合效果较好（表 7.3）。具体来看，R^2 的数值在训练集和测试集上面均超过了 0.95，表明模型的预测效果较好。

表 7.3　BP 神经网络模型拟合效果

数据集	MSE	RMSE	MAE	MAPE	R^2
训练集	4 631 282.061	2 152.041	838.575	18.75	0.988
测试集	7 906 110.567	2 811.781	1 089.659	25.251	0.986

7.3.2　随机森林模型

为了与 BP 神经网络模型的训练结果进行对比，我们构建随机森林模型来对全国/省份层面的博士研究生招生规模进行预测。这里，我们将收集到的全国与各个省份数据，按照 7∶3 的比例划分训练集与测试集，构建随机森林模型进行了训练。一些基本模型参数如表 7.4 所示。

表 7.4　随机森林模型参数

参数名	参数值
训练用时	1.177 秒
数据切分	0.7
数据洗牌	是
交叉验证	10
节点分裂评价准则	MSE
划分时考虑的最大特征比例	None
内部节点分裂的最小样本数	2
叶子节点的最小样本数	1
叶子节点中样本的最小权重	0
树的最大深度	10
叶子节点的最大数量	50
节点划分不纯度的阈值	0
决策树数量	100
有放回采样	是
袋外数据测试	否

通过表 7.4，可以发现，模型训练耗时 1.177 秒，效率相比 BP 神经网络模型略低。随机森林模型使用十折交叉验证来评估模型的性能，使用 MSE 作为决策树节点分裂的评价准则。此外，每个决策树的最大深度为 10，每个决策树的叶子节

点的最大数量为 50，随机森林模型中决策树的数量为 100。通过设置合理的最大深度与叶子节点最大数量，可以有效避免过拟合，控制模型的复杂程度，并且提高模型的训练效率。在构建每棵决策树时，采用自助抽样（bootstrap sampling）的方式进行样本选择。

通过交叉验证和参数设置，该随机森林模型提供了较好的泛化性能和预测准确度（表 7.5）。具体来看，R^2 的数值在训练集、交叉验证集和测试集上均超过了0.95，表明模型的预测效果较好。

表 7.5　随机森林模型拟合效果

数据集	MSE	RMSE	MAE	MAPE	R^2
训练集	1 554 570.747	1 246.824	363.536	6.824	0.996
交叉验证集	10 547 839.043	2 424.627	943.1	14.145	0.982
测试集	1 518 708.61	1 232.359	463.326	11.888	0.997

此外，由于随机森林模型在每棵决策树构建过程中，会从原始特征中随机选择一部分特征作为决策树节点划分的标准。通过这种随机选择的过程，模型可以在不同的决策树中，对不同特征的重要性进行评估，图 7.1 为该随机森林模型训练得出的特征重要性图。

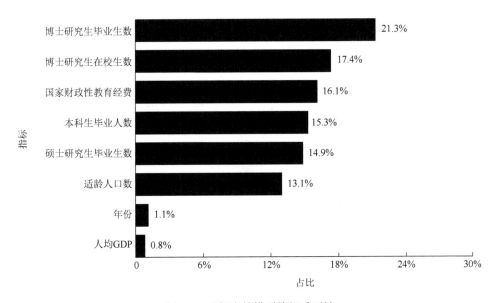

图 7.1　随机森林模型特征重要性

从图 7.1 中可以看出，所有影响因素中，博士研究生毕业生数与博士研究生在校生数重要性占比最高，分别为 21.3% 和 17.4%。我们推测主要的原因是，博士研究生毕业生和博士研究生在校生人数是与招生规模最直接相关的两项特征，代表了全国/省份的博士研究生培养能力与培养条件。其次是国家财政性教育经费、本科生毕业人数、硕士研究生毕业生数和适龄人口数，特征重要性依次降低。最后是人均 GDP，重要性占比仅为 0.8%。

7.3.3　情景规划建模

由于 BP 神经网络模型的拟合效果较好，但模型的可解释性比较差（只能提供预测结果，无法解释各个因素的作用和重要程度），因此，我们将在 BP 神经网络模型预测结果的基础上，引入情景规划工具，在设定的几种不同情景下，讨论预测结果可能发生的变化。

为了能够更好地进行情景规划建模，分析哪些因素将影响博士研究生招生规模，我们再次查阅了相关的研究成果。这里，我们主要借鉴了一项应用系统动力学思想对博士研究生招生规模进行分析的研究。张微（2022）在其博士论文中构建了博士研究生招生规模系统动力学模型，用因果回路图阐明了各层次变量之间的相互影响，从而描述了博士研究生招生运行机制的反馈关系。该模型主要从四个角度切入构建了研究生招生规模的系统动力学模型反馈结构图，分别为：人口、GDP、经费投入、师资水平（图 7.2）。

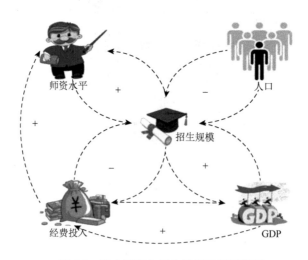

图 7.2　博士研究生招生规模因果回路图

在上述系统动力学模型中，各个因素之间存在着复杂的相互作用关系，不适合直接应用到情景规划的分析中。考虑到不同因素相互的作用反馈在时间上不是同时发生的，因此，在已有研究的基础上，我们解析出了如下的一条路径，含有六个环节，分别是：C1 人口、C2 消费需求、C3 经济发展、C4 社会对高精尖人才的需求、C5 教育财政支出、C6 研究生招生规模。我们认为这条路径能够在一定程度上描述博士研究生招生规模受到的影响，而且能够将不同的环节以我们所使用的因素来进行刻画，从而设定不同的情景。

具体来看，为了便于进行定量分析，在选择因素时，我们尽可能进行了简化，将消费需求和经济发展合并为一个因素。因此，针对前五个环节，我们选择了如下四个因素：适龄人口数、人均 GDP、本科生毕业人数、国家财政性教育经费。具体对应关系为：①适龄人口数描述 C1 人口的变化趋势；②人均 GDP 代表了 C2消费需求和 C3 经济发展的情况；③本科生毕业人数表示 C4 社会对高精尖人才的需求；④国家财政性教育经费呈现了 C5 教育财政支出的变化。

假设上述四个指标都可能相对于基准值出现增加或减少的情况（表 7.6），那么，将这些不同的因素按可能出现的不同状况进行组合，就可以呈现出未来发展的不同情景。

表 7.6　情景规划两种状态描述

状态	C1 人口	C2 消费需求	C3 经济发展	C4 社会对高精尖人才的需求	C5 教育财政支出	C6 研究生招生规模
状态 A	增长	需求增加	发展良好	社会对高精尖人才的需求增加	教育财政支出增加	待定
状态 B	下降	需求减少	经济萎缩	社会对高精尖人才的需求下降	教育财政支出下降	待定

在此基础上，我们选择了形态学的方式进行情景构建。简单起见，我们只构建了四种可能发生的情景，分别说明如下。

情景 1（1A-2A-3A-4A-5A）：各个主要环节的相应指标都呈现出明显的增长态势。这是最为理想的一种状态，人口增加伴随着一系列的正向效果，消费提升，经济增长，社会对高精尖人才的需求增加，教育财政支出随之增长。

情景 2（1B-2B-3B-4A-5A）：人口增长率比预期情况下降，带来经济发展的乏力。但社会对高精尖人才的需求并没有减少，教育财政支出也比预期更高。

情景 3（1B-2A-3A-4A-5A）：虽然人口的增长率比预期更低，但是其他各个指标所呈现的状态都比预期更好。

情景 4（1B-2B-3B-4B-5B）：各项指标均比预期更差。这是最坏的一种情况，但能够为我们推测未来发展的底线场景，对于决策者仍然有比较重要的意义。

需要注意的是,由于我们假设 C2 和 C3 两个环节使用同一个因素(人均 GDP)来进行描述,所以上面四个情景中,C2 和 C3 都是同向变化的。

此外,可以发现,情景 1 和情景 4 是最乐观和最悲观的情况,而情景 2 和情景 3 是在人口发展不如预期时,对消费和经济发展呈现不同态势时的场景,具有比较明显的代表性。

7.4　预测结果分析

在 7.3 节建立的 BP 神经网络模型和随机森林模型的基础上,要对全国和各个省份的博士研究生招生规模进行预测,需要首先对影响招生规模的各个指标在 2023 年至 2035 年的数据进行外推预测,然后再代入相应的已建立好的模型中给出预测结果,并通过情景规划分析相应情景下的预测结果。

7.4.1　全国博士研究生招生规模预测

在 BP 神经网络模型和随机森林模型中,我们采用当年的各项指标的具体数值预测相应年份的博士研究生招生规模。因此,为了预测 2023 年至 2035 年间全国的博士研究生招生规模,我们首先要预测各个指标在该时间段内的数据,然后再以此来对博士研究生招生规模进行预测。

1. 各指标数据外推预测

为了对各个指标在 2023 年至 2035 年间的数据进行预测,我们选取各指标在 2004 年至 2021 年的已有数据作为原数据,以时间为自变量进行拟合和预测。通过比较几种机器学习方法和时间序列分析方法的预测结果,我们最终选择时间序列分析中常用的 ARIMA 模型来进行预测。ARIMA 模型适用于具有趋势的时间序列数据,可以用于预测未来的观测值。相比于基础的线性函数拟合方法,ARIMA 模型可以基于过去观测值和随机误差值的线性组合来预测当前值,并且可以利用差分来避免数据异常增长,使时间序列预测结果更加平稳。

以下是各指标在 ARIMA 模型下的拟合效果以及对未来的预测。

图 7.3 展示了人均 GDP 的拟合曲线,其基本上呈现了一种线性增加的趋势。图中的"向后预测 3"、"向后预测 7"和"向后预测 11"分别代表 3 年后、7 年后和 11 年后的预测值(图 7.4 至图 7.8 中的含义与此处相同,不再赘述)。在未来一段时间内,考虑到中国经济总量的持续增长以及潜在的人口下降,我们认为人均 GDP 仍然将保持较为稳定的增长态势。

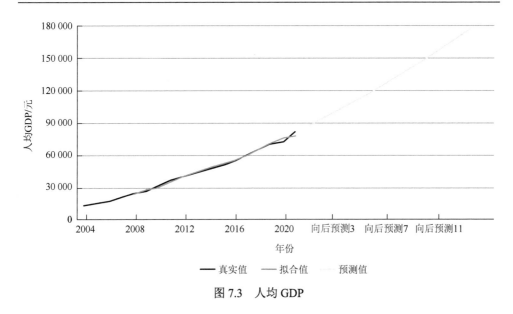

图 7.3　人均 GDP

　　国家财政性教育经费的拟合函数曲线如图 7.4 所示。我国近年来的基本政策一直在加强对教育领域的投入，从图 7.4 中可以看出 2016 年以后，国家财政性教育经费保持稳定的线性增长。因此，我们预期，在未来十几年中，国家的教育经费投入应能够继续保持增长的态势。

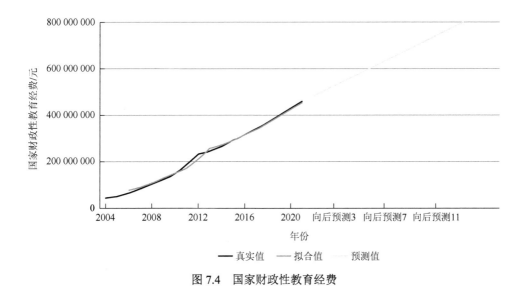

图 7.4　国家财政性教育经费

　　从图 7.5 中，可以发现，全国的本科生毕业人数在持续增长一段时间后，增长的速度逐渐变缓，并且出现了小幅度的增速下降。随着适龄人口数、新生人口数量等人口因素的调整，我们预期未来一段时间，本科生毕业人数可能会有所降低。这有可能会给博士研究生的招生规模带来一定影响。

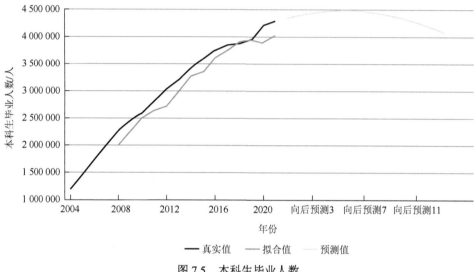

图 7.5　本科生毕业人数

图 7.6 中拟合函数曲线的特点，与图 7.4 非常类似。虽然在 2012 年至 2019 年间硕士研究生毕业生数出现了增幅减小的趋势，但在 2019 年后又出现了大幅增长。因此，我们预测，未来几年中硕士研究生毕业生数会表现出持续增长的基本特征。虽然可能会出现增速不断变化的波动增长态势，但是整体上应保持在线性增长水平上下。

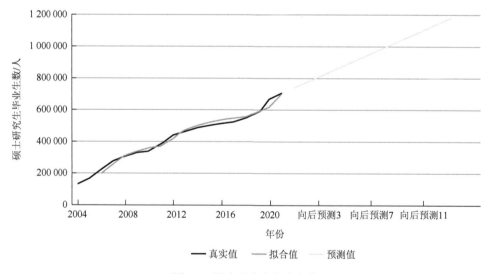

图 7.6　硕士研究生毕业生数

图 7.7 中的博士研究生毕业生数变化也呈现出了持续增长的态势。从已有的数据来看,增长过程比较复杂,在近几年增长速度出现了较大幅的提升,但 ARIMA 模型的平稳预测可以有效避免预测值异常增长的趋势，使博士研究生毕业生数在一个合理的区间内缓慢增长。

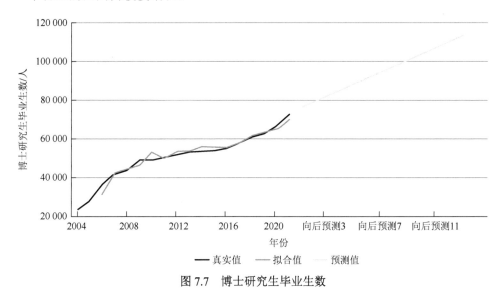

图 7.7　博士研究生毕业生数

图 7.8 展示了博士研究生在校生数的拟合函数曲线。与图 7.7 类似，我们也采用了 ARIMA 模型的平稳预测来避免外推预测值的异常增长趋势，使预测值在合理区间内稳定增长。

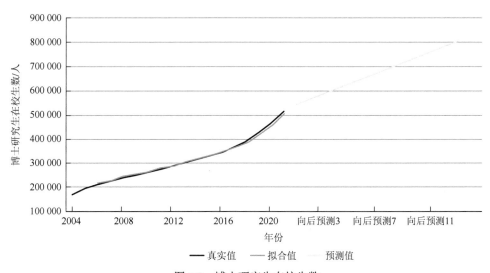

图 7.8　博士研究生在校生数

最后，对于适龄人口数量特征，我们首先收集了来自各个省份 1983 年至 1999 年的新生人口数量，以及全国 1974 年至 1999 年的新生人口数量，再按照某一年年龄为 22 岁至 30 岁人口数量的平均数来估计当年的博士研究生入学适龄人口数量。这一人口平均数可以通过从该年份后推 22 年至 30 年的新生人口数量的平均数来进行预估。在对未来 2023 年至 2035 年适龄人口进行估计时，我们将采用 1993 年至 2013 年对应区间的新生人口数进行估计。

根据上述 6 个因素的 ARIMA 模型预测结果和适龄人口数预估结果，我们可以得到 2023 年至 2035 年各项指标的预测数据如表 7.7 所示。

表 7.7　各指标数据预测结果

年份	人均GDP/元	国家财政性教育经费/元	适龄人口数/万人	本科生毕业人数/人	硕士研究生毕业生数/人	博士研究生在校生数/人	博士研究生毕业生数/人
2023	92 771	507 013 884	1 325	4 396 412	768 202	559 175	79 037
2024	98 769	531 348 374	1 263	4 435 980	801 932	579 401	81 894
2025	104 965	555 682 864	1 226	4 463 448	835 662	599 627	84 752
2026	111 360	580 017 354	1 206	4 478 813	869 392	619 853	87 609
2027	117 953	604 351 844	1 196	4 482 078	903 122	640 079	90 466
2028	124 745	628 686 334	1 193	4 473 241	936 852	660 305	93 323
2029	131 735	653 020 824	1 206	4 452 302	970 582	680 531	96 181
2030	138 924	677 355 314	1 223	4 419 262	1 004 313	700 757	99 038
2031	146 312	701 689 803	1 265	4 374 121	1 038 043	720 983	101 895
2032	153 897	726 024 293	1 295	4 316 878	1 071 773	741 209	104 752
2033	161 681	750 358 783	1 341	4 247 534	1 105 503	761 435	107 610
2034	169 664	774 693 273	1 389	4 166 088	1 139 233	781 661	110 467
2035	177 845	799 027 763	1 439	4 072 541	1 172 963	801 887	113 324

2. BP 神经网络模型和随机森林模型的预测结果

将上述各项因素的预测值代入已经训练好的 BP 神经网络模型和随机森林模型，可以得到 2023 年至 2035 年全国博士研究生招生规模的预测结果（表 7.8）。

表 7.8　全国博士研究生招生规模预测结果（单位：人）

年份	BP 神经网络模型	随机森林模型
2023	131 975	119 279
2024	136 973	119 279
2025	142 015	119 279
2026	147 097	119 229

续表

年份	BP 神经网络模型	随机森林模型
2027	152 215	119 229
2028	157 368	118 959
2029	162 561	119 230
2030	167 786	119 279
2031	173 055	119 279
2032	178 349	119 279
2033	183 682	119 279
2034	189 046	118 868
2035	194 442	117 886

　　根据表 7.8，从 BP 神经网络模型的预测结果看，未来一段时间内，全国的博士研究生招生规模将呈现明显的逐年增加的趋势，但增长比例随着时间的推移而略有缩小。大量的博士研究生招生对政府的教育资源配置、学校的师资力量、教学科研住宿条件等都提出了更高的要求。

　　但是，随机森林模型的预测结果却有明显不同。在该模型下，未来一段时间内，全国的博士研究生招生规模呈现出平稳变化的趋势，预测值大致保持在119 000 人的水平。随机森林模型认为未来几年的招生规模不会发生显著变化。值得注意的是，该模型预测在 2028 年和 2034 年至 2035 年出现了小幅度的下降。整体来说，随机森林模型的预测结果缺乏变化，无法捕捉到明显的变化或趋势。图 7.9 是两个模型之下的预测结果对比。

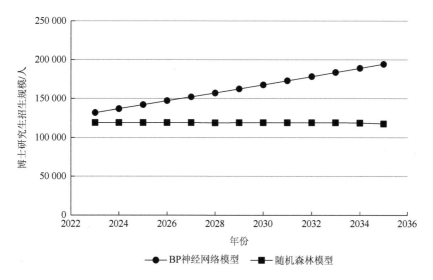

图 7.9　BP 神经网络模型与随机森林模型预测结果对比

从图7.9中可以看出,BP神经网络模型的预测值相比随机森林模型整体较高,并且BP神经网络模型预测结果呈现逐年增加的趋势,而随机森林模型的结果则稳定在某一数值水平附近,没有较大变化。

总体而言,两种模型的预测结果差异较大。我们认为,随机森林模型的预测能力较差。推测其原因可能是随机森林模型是基于分类决策树的机器学习方法,我们能采集到的数据量相对有限,随机森林模型无法准确利用外推特征值进行区分,从而将大部分预测结果归为同一节点。

3. 情景规划结果分析

虽然BP神经网络模型的预测结果比随机森林模型更佳,但是BP神经网络模型的内部是一个黑箱,我们无法判断哪些因素的变化对全国博士研究生招生规模的预测结果有重要影响。因此,我们将结合7.3.3小节中建立的情景规划模型做进一步的分析。

参考过往数据的波动幅度,我们均假设状态A是在预测值基础上增加5%,而状态B是在预测值基础上下降3%。除了情景规划涉及的4个因素,其他各个因素的数据在不同情景下不发生任何变化。

将上述假设结合前文所设定的4种不同情景,代入训练好的BP神经网络模型当中,可以得到各年份的全国博士研究生招生规模预测结果(表7.9)。

表7.9　不同情景下全国博士研究生招生规模预测结果（单位：人）

年份	原始结果	情景1	情景2	情景3	情景4
2023	131 975	132 917	132 839	132 856	131 410
2024	136 973	137 977	137 901	137 919	136 370
2025	142 015	143 084	143 009	143 028	141 373
2026	147 097	148 234	148 158	148 178	146 414
2027	152 215	153 422	153 345	153 367	151 492
2028	157 368	158 645	158 567	158 590	156 602
2029	162 561	163 910	163 831	163 855	161 751
2030	167 786	169 209	169 128	169 153	166 931
2031	173 055	174 556	174 471	174 498	172 155
2032	178 349	179 927	179 840	179 868	177 402
2033	183 682	185 340	185 248	185 278	182 687
2034	189 046	190 786	190 691	190 722	188 003
2035	194 442	196 264	196 166	196 198	193 349

从表 7.9 中，可以得到如下两个结论。

（1）对预测期内的任何一年，在情景 1、情景 2、情景 3 下，所得到的博士研究生招生规模预测值均高于基础预测模型的结果。其中，情景 3 较情景 1 来说预测结果略微降低，两种情景下的招生规模差别较小，而情景 2 的预测结果略低于情景 3。我们从中可以得到以下启示：第一，只要不是最悲观的情况，预测出的全国博士研究生招生规模在几种情景下都会有所增加，这意味着我们应保持一种乐观的态度；第二，单纯的人口增长率的变化（情景 1 和情景 3）不会对预测结果有较大影响，可以认为该因素对我们所预测的问题的重要性不高；第三，当经济发展也受到了一定影响时（情景 2），博士研究生招生规模会在情景 3 的基础上进一步降低，但降幅极为有限，几乎可以忽略。这意味着单一因素的恶化，对我们的预测问题的影响比较小。

（2）对预测期内的任何一年，情景 4 之下给出的全国博士研究生招生规模预测结果均比基本预测结果更低。虽然预测值的下降并不多，但这说明最悲观的情景还是会对博士研究生招生规模的预测结果产生负面的影响。不过，结合前一点分析，我们仍然认为，在现实中，不必过于担心悲观情景的负面影响。

7.4.2 代表性省份博士研究生招生规模预测

在 7.4.1 小节中，我们以全国的博士研究生招生规模为研究对象，预测其在 2023 年至 2035 年之间的变化。

在本节中，我们以北京市和河北省为例，站在省份的层面，分析相应的预测结果。之所以选择这两个省份，原因在于，北京市和河北省虽然都是中国北方重要的省级行政区且地理位置相邻，但是北京市和河北省在经济规模、教育资源等方面都存在着明显的差异。

1. 各指标数据外推预测

在对北京市和河北省各指标在 2023 年至 2035 年的数据进行预测时，我们首先尝试了 7.4.1 小节中采用的 ARIMA 模型，但预测效果较差。我们分析，出现这种情况的原因是相比于全国数据，省份数据可获得的年份较少，不足以支持 ARIMA 模型进行合理的预测。因此，我们尝试采用其他一些常用的预测方法（线性回归、岭回归、LASSO 回归、灰色模型等）进行外推预测。经过对比预测结果，我们发现 LASSO 回归的预测结果较为合理。下面是 LASSO 回归模型得出的北京市和河北省各项指标在 2023 年到 2035 年间的预测结果（表 7.10 和表 7.11）。

表 7.10　各因素数据预测结果（北京市）

年份	博士研究生毕业生数/人	硕士研究生毕业生数/人	博士研究生在校生数/人	本科生毕业人数/人	人均地区生产总值/元	国家财政性教育经费/元	适龄人口数/万人
2023	22 334	94 749	145 061	139 862	201 213	17 122 860.61	16.25
2024	23 079	98 135	152 090	143 986	211 745	17 863 601.86	16.22
2025	23 825	101 521	159 118	148 111	222 278	18 604 343.11	16.19
2026	24 570	104 906	166 147	152 236	232 810	19 345 084.36	16.17
2027	25 316	108 292	173 176	156 360	243 342	20 085 825.61	16.14
2028	26 061	111 678	180 204	160 485	253 874	20 826 566.86	16.11
2029	26 807	115 064	187 233	164 610	264 406	21 567 308.11	16.08
2030	27 553	118 449	194 262	168 734	274 939	22 308 049.36	16.05
2031	28 298	121 835	201 290	172 859	285 471	23 048 790.61	16.03
2032	29 044	125 221	208 319	176 984	296 003	23 789 531.86	16.00
2033	29 789	128 607	215 347	181 109	306 535	24 530 273.11	15.97
2034	30 535	131 992	222 376	185 233	317 068	25 271 014.36	15.94
2035	31 280	135 378	229 405	189 358	327 600	26 011 755.61	15.91

表 7.11　各因素数据预测结果（河北省）

年份	博士研究生毕业生数/人	硕士研究生毕业生数/人	博士研究生在校生数/人	本科生毕业人数/人	人均地区生产总值/元	国家财政性教育经费/元	适龄人口数/万人
2023	560	17 066	5 112	206 497	57 220	25 255 158.2	573.11
2024	578	17 725	5 410	212 606	59 764	26 796 940.39	587.59
2025	597	18 383	5 707	218 716	62 309	28 338 722.57	602.08
2026	615	19 042	6 005	224 826	64 854	29 880 504.75	616.56
2027	634	19 701	6 302	230 935	67 398	31 422 286.93	631.05
2028	652	20 360	6 600	237 045	69 943	32 964 069.12	645.53
2029	671	21 019	6 897	243 155	72 488	34 505 851.3	660.02
2030	689	21 678	7 195	249 264	75 032	36 047 633.48	674.50
2031	708	22 337	7 492	255 374	77 577	37 589 415.67	688.99
2032	726	22 995	7 790	261 484	80 122	39 131 197.85	703.47
2033	744	23 654	8 088	267 593	82 666	40 672 980.03	717.96
2034	763	24 313	8 385	273 703	85 211	42 214 762.22	732.44
2035	781	24 972	8 683	279 813	87 755	43 756 544.4	746.93

　　对比表 7.10 和表 7.11，可以发现，河北省在人均地区生产总值这一指标上与北京差异较大，说明其经济发展情况欠佳。人口因素方面，河北省的适龄人口数

量明显高于北京市，本科生毕业人数也更多，但硕士研究生毕业生数与北京市相差一个量级。这说明河北省在人口基数上有庞大的基础，但高端人才的培养比较乏力。最后，河北省的博士研究生在校生数和毕业生数也与北京差异极大，说明其博士研究生培养资源和培养能力都处在较低水平。

2. BP 神经网络模型预测结果

对于北京市和河北省的博士研究生招生规模预测，这里只采用 BP 神经网络模型进行预测。随机森林模型由于预测效果欠佳，此处不再考虑。

将表 7.10 和表 7.11 中北京市和河北省各项指标的预测数据代入训练好的 BP 神经网络模型之后，我们可以得到两个省份的博士研究生招生规模预测结果（表 7.12）。

表 7.12　北京市和河北省博士研究生招生规模预测结果（单位：人）

年份	北京市	河北省
2023	38 233	1 741
2024	39 868	1 853
2025	41 503	1 964
2026	43 139	2 076
2027	44 774	2 188
2028	46 409	2 299
2029	48 044	2 411
2030	49 680	2 522
2031	51 315	2 634
2032	52 950	2 746
2033	54 586	2 857
2034	56 221	2 969
2035	57 856	3 081

从表 7.12 中，我们可以得到如下结论。

（1）从 2023 年到 2035 年，北京市和河北省的博士研究生招生规模都会不断增长。从增速上看，北京市博士研究生招生规模的增幅不断放缓，河北省的博士研究生招生规模也呈现出了类似的发展趋势。虽然河北省获得的国家财政性教育经费比北京更高、适龄人口的规模也更大，但其博士研究生培养能力的局限制约了博士研究生招生规模的进一步扩大。未来，河北省有必要进一步提高其博士研究生的培养能力。

（2）从博士研究生招生规模的相对数量上来看，2023年北京市的招生规模超过了全国的四分之一；而到2035年，北京市的招生规模占比进一步提升。同时，河北省的博士研究生招生规模占比虽然略有提升，但仍较小。这意味着，不同省份的教育发展水平仍然不够均衡，需要教育决策者重新规划有关教育资源均等化的重要决策。

3. 情景规划结果分析

与全国层面的分析类似，这里我们也采用情景规划模型做进一步的分析。

同样地，我们假设状态 A 是在预测值基础上增加 5%，而状态 B 是在预测值基础上下降 3%。将上述假设结合前文所设定的 4 种不同情景，代入 BP 神经网络模型当中，可以得到北京市和河北省各年份的博士研究生招生规模预测结果（表 7.13 和表 7.14）。

表 7.13　不同情景下北京市博士研究生招生规模预测结果（单位：人）

年份	原始结果	情景 1	情景 2	情景 3	情景 4
2023	38 233	38 287	38 250	38 287	38 200
2024	39 868	39 925	39 886	39 925	39 833
2025	41 503	41 564	41 522	41 563	41 467
2026	43 139	43 202	43 158	43 201	43 101
2027	44 774	44 840	44 794	44 839	44 734
2028	46 409	46 478	46 431	46 477	46 368
2029	48 044	48 116	48 067	48 115	48 002
2030	49 680	49 754	49 703	49 753	49 635
2031	51 315	51 392	51 339	51 391	51 269
2032	52 950	53 030	52 975	53 030	52 902
2033	54 586	54 668	54 611	54 668	54 536
2034	56 221	56 306	56 248	56 306	56 170
2035	57 856	57 945	57 884	57 944	57 803

表 7.14　不同情景下河北省博士研究生招生规模预测结果（单位：人）

年份	原始结果	情景 1	情景 2	情景 3	情景 4
2023	1741	1810	1773	1784	1700
2024	1853	1926	1888	1899	1809
2025	1964	2042	2003	2014	1918

续表

年份	原始结果	情景 1	情景 2	情景 3	情景 4
2026	2076	2158	2118	2130	2027
2027	2188	2274	2232	2245	2136
2028	2299	2390	2347	2360	2245
2029	2411	2506	2462	2475	2354
2030	2522	2622	2577	2591	2463
2031	2634	2738	2692	2706	2572
2032	2746	2854	2807	2821	2681
2033	2857	2970	2921	2937	2790
2034	2969	3085	3036	3052	2899
2035	3081	3201	3151	3167	3008

通过比较表 7.13 和表 7.14 的结果，可以得到如下结论。

（1）在情景 1、情景 2 和情景 3 之下，北京市以及河北省的情况与全国的情况非常类似：博士研究生招生规模预测值有所增加，情景 2 的预测值略低，情景 3 和情景 1 预测值依次增加。

（2）情景 4 之下，北京市的博士研究生招生规模有所下降，但相比于基本预测结果，降幅非常有限。这说明，即使出现了最悲观的情况，对北京市的博士研究生招生规模的影响也不大。

（3）对于河北省来说，在情景 4 之下，博士研究生招生规模的预测值也有所下降。但相对于全国和北京市的情况，其降幅更大。这意味着，对于教育资源本身并不丰富的省份来说，要更加关注悲观情景可能带来的负面影响。

7.5　结　　论

在本章中，我们对全国/省份层面的博士研究生招生规模进行了预测。对比不同的机器学习方法，研究发现，BP 神经网络模型的预测效果比随机森林模型更好。同时，为了解决 BP 神经网络模型无法分析指标重要性的局限，我们在研究中还应用情景规划思想，设定了不同情景做了进一步的分析。

从预测结果上看，全国以及北京市和河北省的博士研究生招生规模在未来一段时间内都会呈现明显的增长态势。需要注意的是，河北省的博士研究生招生规模的增长幅度有所下降，同时其博士研究生招生规模占全国招生规模的比例虽有所增长却仍然较小。这意味着，河北省在博士研究生培养方面的发展依然面临着较大的挑战，需要进一步加大投入，提升博士研究生的培养能力。情景规划的分析结果告诉我们，单一因素的变化不会对预测结果产生大的影响。但是，对于类似于河北省这类教育资源并不丰富的省份，悲观情景产生的影响会更大，值得关注。

在本章的研究工作中，机器学习的方法选择遇到了一定的挑战。经过多次尝试，我们发现 BP 神经网络模型和随机森林模型在训练集上的拟合效果较好。但是，进行预测后，随机森林模型结果欠佳。因此，只能选择 BP 神经网络模型进行预测。为了克服 BP 神经网络模型存在的缺陷，研究中还引入了情景规划方法。后续的研究中，需要进一步探索更加有效的机器学习预测方法。

从本章的研究工作中，我们可以得到如下政策建议。

首先，从宏观层面来看，全国范围的博士研究生招生规模在 2023 年至 2035 年的这段时间内将会保持较为稳定的发展趋势。在一定范围内，相关资源的增加和减少、经济情况的变化不会对这种增长趋势产生明显的影响。这意味着，我们可以容忍博士研究生教育资源、适龄人口入学率、人力资本、人才培养条件、人才培养能力等因素在适当的范围内发生变化，也就意味着相关的资源可以在一定范围内调整，将其投入到最需要的地方。

其次，人口老龄化趋势值得注意。虽然我们的研究结果显示，在全国层面上单纯的人口自然增长率的变化不会对未来博士研究生招生规模有较大的影响，但未来获得这些博士研究生指标的不一定都是我们现在理解的年轻人。目前，选择攻读博士学位的人群当中，已经出现了一些年龄略大的人群。尽管年龄不是影响博士研究生学术水平的最重要因素，但是人口老龄化在未来仍会对中国的生产力造成较大的影响。

最后，教育不平等问题在未来仍需高度重视，亟须有关部门关注并对教育弱势地区予以资源倾斜。根据北京市和河北省博士研究生招生规模的情景规划分析，受到发展空间和其他省区市教育发展竞争的影响，教育水平较高的省区市（如这里的北京市）在未来几年发展速度将会略有下降。但当前教育水平较低的省区市（如河北省）也仍然面临着较大的挑战。同时，研究发现，对于教育发展水平相对落后的省区市来说，相关资源的下降更容易造成博士研究生招生规模的下降。对于教育发展相对成熟的省区市来说，在所有资源同步下降的情况下，博士研究生招生规模的下降幅度也是有限的。因此，适当地将相关资源倾斜给教育相对落后的地区，有助于帮助该地区的发展，同时不会对当前发展较好的地区产生明显影响，可以优化教育资源配置，助力全面实现中国式现代化和中华民族伟大复兴。

第8章　案例4：国内单一高校博士研究生招生规模预测

在第7章中，我们站在国家和省份层面对博士研究生招生规模进行了预测。通过预测，我们发现，整体上博士研究生招生规模将呈现一个明显的增长态势，但不同省份的博士研究生招生规模变化趋势不尽相同，值得关注。

在本章中，我们将聚焦于具体高校，从学校层面对博士研究生招生规模进行预测。这将为学校层面的教育资源配置、师资建设等决策提供重要参考和支持。

8.1　研究背景、意义与研究思路

8.1.1　研究背景

博士研究生的培养是高等学校的重要工作。一方面，育人作为高校的重要职能之一，博士研究生的培养代表了高校教书育人的最高水平，也是为国家培养高层次人才的最重要途径。另一方面，博士研究生也是高校科研工作的重要组成力量，很多高水平的学术成果都是由高校教师和博士研究生共同完成的。可以说，博士研究生的数量和水平对一所高校的建设起着至关重要的作用。

高校博士研究生招生规模一直实行教育行政部门主导的计划分配方式。虽然在一些高校近年来的实践中，也曾尝试通过各种定量分析手段对研究生招生规模进行测算，但是由于数据的全面性不足以及预测方法的不完善，这些定量分析手段以及相应的研究生招生规模动态调整机制都没有能够付诸实施。

然而，对于高校的教育管理者来说，博士研究生的招生规模是学校开展各项工作的一个重要基准。如果能够有效地对博士研究生招生规模进行提前预测，就可以帮助高校更好地开展工作。

8.1.2　研究意义

对高校层面的教育管理者来说，招生指标也是一种重要的教育资源。在学校内部，也会涉及不同院系或学科间的招生指标配置，进而牵扯到其他教育资源的配置或布局。那么，在学校的管理者做出相关决策的过程中，未来招生规模的预测就会产生非常重要的影响。

本章的研究工作围绕高校的博士研究生招生规模展开，应用机器学习方法进行预测研究。从理论研究层面来看，本章的研究将机器学习方法引入到高校层面的博士研究生招生规模的预测当中，为研究生教育发展预测提供了新的思路和方法；从现实层面来看，针对高校博士研究生招生规模的定量预测结果，能够为各层次的教育管理者进行资源配置等决策提供重要的支持。

8.1.3 本章的研究思路

进入数智时代，随着各种各样的数据不断丰富，高校层面的博士研究生招生规模预测可以通过一些新的手段来实现。在通过公开渠道采集各高校相关数据的基础上，采用一些相对比较成熟的机器学习方法对高校的博士研究生招生规模进行预测，在一定程度上，能够帮助克服前述问题。

本章的研究思路如下：首先，我们将讨论影响高校博士研究生招生规模的重要指标，从中提炼出可采集的重要指标，并对采集到的数据进行初步分析。其次，我们分别建立用来预测博士研究生招生规模的BP神经网络模型和LASSO回归模型。在此基础上，我们选择几所在地域和科研能力上具有一定代表性的高校，对其未来一段时间内的博士研究生招生规模使用灰色预测模型进行指标数据外推，并代入训练好的BP神经网络模型和LASSO回归模型中进行预测，对不同模型的预测结果进行比较。最后，我们总结本章的研究工作，提出相应的政策建议。

8.2 指标设计与数据采集

结合本章的具体研究问题，我们将首先介绍影响高校博士研究生招生规模的主要因素；然后，将介绍研究的数据来源以及数据的基本情况。

8.2.1 指标设计

在第7章中，我们预测国家/省份层面的博士研究生招生规模时，所考虑的指标更多是宏观层面的，而本章的研究针对具体高校的博士研究生招生规模进行预测，因此，我们所考虑的指标主要从学校层面展开。

因为博士研究生是高校科学研究工作的主要力量之一，所以，这里我们所考虑的指标以科研层面的因素为主。结合"中国高校科研成果评价分析数据库"中主要的数据项，我们梳理了以下几个方面的潜在指标。

1. 期刊论文量

在论文总量方面，我们考虑了"国内期刊论文总量""国内核心期刊（北大核心）发文量"两个因素。论文发表总量的大小，在一定程度上与一所高校的科研人员数量挂钩。一所大学的主要科研力量之一是该校的博士研究生，所以论文发表总量能在一定程度上反映学校的博士研究生规模。

为了能够体现期刊论文的学术水平，我们还考虑了"SCI 发文量""SSCI 发文量"两个因素。SCI 和 SSCI 作为国际水平上分别侧重自然科学研究和社会科学研究的两大核心期刊论文检索工具，代表了论文属于相关领域前沿水平并有较大学术影响力，能够很好地反映大学的科研水平。

2. 论文下载和被引

教育部在《关于深化高等学校科技评价改革的意见》就提到科技评价中"重数量轻质量"的问题，基于此，我们对期刊论文发表数量指标外设置了"高被引论文数量"。高被引论文数量反映了学校所发表论文的学术影响力，比起单纯的论文发表数量更能体现论文的发表质量、大学的科研水平和能力，以及博士研究生的学术水平。

3. 教育

在教育方面，我们选择了"一流学科数量""博士研究生导师数量""学士学位授予数""硕士学位授予数""博士学位授予数"这五个指标。一流学科是指拥有一流科研、产出一流学术成果、有一流的教学、培养出一流的人才，为区域工商业创新、人力资源形成、文化建设、环境建设做出突出贡献的学科。"一流学科数量"和"博士研究生导师数量"代表了高校的人才培养能力，对博士研究生招生规模有重要影响。

学位授予数量相关指标涵盖了学士、硕士和博士三类学位的授予情况，在更大的范围内，反映了高校的人才培养情况。从学士到硕士再到博士，学生的学习和研究需要越来越高的学术水平和能力。一所高校授予的学士学位数量可以反映其在教学和职业发展方面的优势和劣势，高校授予的硕士学位数量可以反映其在深度学习和专业发展方面的优势和劣势，高校授予的博士学位数量可以反映其在学术研究和学术职业发展方面的优势和劣势。学士学位和硕士学位的授予数量既反映了一所高校的人才培养能力，同时这些学生也是成为博士研究生的潜在人选。以上这些指标可以用来评估高校在各个学科领域的教学质量和研究能力，对于评估学校的人才培养水平具有重要的意义。

4. 科研项目

国家级项目数量是衡量高校科研水平的重要指标。同时，教育部的重要文件中也指出，博士研究生招生规模应加强对重大、重点项目的关注。在一些学校的实际执行中，博士研究生导师的招生数量也与其承担的国家级科研项目挂钩。

因此，我们考虑了"国家自然科学基金数量"和"国家社会科学基金数量"这两个因素。很明显，对某一所高校来说，这两个因素的数据能够有效反映其科研水平和能力。

综上，在本章中，我们建立的影响因素体系如表 8.1 所示。

表 8.1　高校博士研究生招生规模影响指标

一级指标	二级指标
期刊论文量	国内期刊论文总量
	SCI 发文量
	SSCI 发文量
	国内核心期刊（北大核心）发文量
论文下载和被引	高被引论文数量
教育	一流学科数量
	博士研究生导师数量
	学士学位授予数
	硕士学位授予数
	博士学位授予数
科研项目	国家自然科学基金数量
	国家社会科学基金数量

8.2.2　数据采集

根据我们能够获得的部分高校的博士研究生招生规模，结合表 8.1 的各项因素，我们采集了相应高校的数据，主要数据来源为"中国高校科研成果评价分析数据库"。

具体来看，我们能够获取的高校博士研究生招生规模数据的学校主要包括"985 工程"、"211 工程"和"双一流"高校中数据较齐全的高校。以上这些学校的博士研究生招生规模数据的年份跨度基本上都在 2010 年至 2020 年间，个别学校的数据在年份上有一定差异。最终，我们采集到的总数据量为 432 条。

表 8.1 的部分指标数据从"中国高校科研成果评价分析数据库"获取，另外一部分指标数据来自教育部统计的数据，其最大的年份跨度为 2006 年到 2022 年。因此，表 8.1 中各项指标数据的年份能够完全与各高校的博士研究生招生规模年份对应，可以保证后续研究工作的顺利开展。

8.3　预测模型构建

为了更好地开展高校层面的博士研究生招生规模预测工作，我们尝试了多种不同的机器学习模型（主要包括随机森林模型、BP 神经网络模型、线性回归模型等）。经过比较各种模型在训练集之下的拟合效果，我们选择了 BP 神经网络模型和 LASSO 回归模型（属于线性回归模型）做进一步的分析。

8.3.1　BP 神经网络模型

我们先构建了 BP 神经网络模型对训练集的数据进行拟合。

在本章的研究中，我们通过不断调整参数，在 BP 神经网络模型下获得了较佳的拟合结果。模型采用了 identity 作为激活函数，选择了 L-BFGS 求解器，并使用了两层隐藏神经元。在对数据的处理上，为保留原始数据可能存在的时间序列关系，数据在训练前不进行洗牌。同时，选择原数据集的 70%作为训练集，另外30%作为测试集。所采用的模型参数如表 8.2 所示。

表 8.2　BP 神经网络模型参数

参数名	参数值
训练用时	3.451 秒
数据切分	0.7
数据洗牌	否
交叉验证	否
激活函数	identity
求解器	L-BFGS
学习率	0.1
L2 正则项	1
迭代次数	1000
隐藏第一层神经元数量	100
隐藏第二层神经元数量	50

拟合效果及预测效果如表 8.3 和图 8.1 所示。

表 8.3　BP 神经网络模型拟合效果

数据集	MSE	RMSE	MAE	MAPE	R^2
训练集	35 808.497	189.231	129.940	15.821	0.873
测试集	87 773.724	296.266	217.868	26.028	0.819

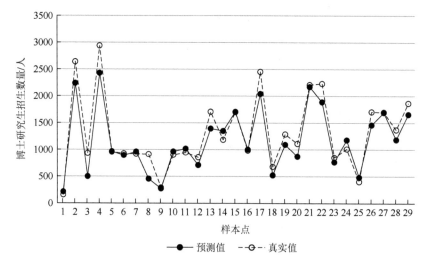

图 8.1　BP 神经网络模型预测效果图

模型拟合效果显示，训练集上的 R^2 达到了 0.87 以上，在测试集上的 R^2 也在 0.8 以上，说明模型的拟合效果很好，预测准确度很高，并且在新数据上的泛化性能也很好。

8.3.2　LASSO 回归模型

如前文所述，在本章的研究中，我们所能够采集到的训练集数据相对比较有限。因此，BP 神经网络模型可能存在训练集数据量不足的问题。为了能够达成更好的预测效果，我们经过尝试，选择构建 LASSO 回归模型对高校的博士研究生招生规模进行预测，并与 BP 神经网络模型的预测结果进行对比分析。

更具体地，通过交叉验证方法，我们选择了使得 LASSO 回归模型的均方误差最小的 L1 正则化项参数 λ 值，最终采用的为 $\lambda = 0.02$。在最后确定的模型中，变量截距项、年份、国内期刊论文总量、SCI 发文量、SSCI 发文量、国内核心期刊（北大核心）发文量、国家自然科学基金数量、国家社会科学基金数量、一流学科数量、高被引论文数量、博士研究生导师数量、学士学位授予数、硕士学位授予数、博士学位授予数被保留，没有变量被删除。

LASSO 回归模型的拟合效果及模型系数如表 8.4 和图 8.2 所示。

表 8.4　LASSO 回归模型拟合效果及模型系数表

变量名	标准化系数	非标准化系数	R^2
截距	−27 936.131	−27 809.386	
年份	13.933	13.87	
国内期刊论文总量	−0.005	−0.005	
SCI 发文量	0.031	0.031	
SSCI 发文量	−0.171	−0.17	
国内核心期刊（北大核心）发文量	0.035	0.034	
国家自然科学基金数量	1.833	1.831	0.896
国家社会科学基金数量	−0.753	−0.756	
一流学科数量	−0.013	−0.013	
高被引论文数量	1.257	1.251	
博士研究生导师数量	0.256	0.256	
学士学位授予数	−0.01	−0.01	
硕士学位授予数	−0.024	−0.024	
博士学位授予数	0.704	0.704	

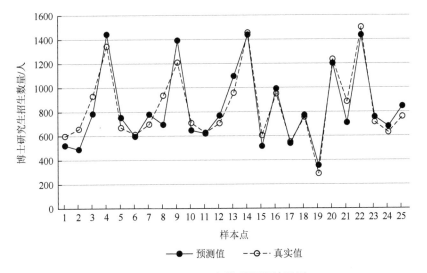

图 8.2　LASSO 回归模型预测效果图

　　LASSO 回归模型的拟合效果显示，R^2 达到了 0.896，略高于 BP 神经网络模型的训练集拟合效果，说明模型的拟合效果较好，预测准确度较高。同时，我们可以得到模型的标准化公式和非标准化公式如下。

　　1. 标准化公式

$y = -27\ 936.131 + 13.933 \times$ 年份 $- 0.005 \times$ 国内期刊论文总量 $+ 0.031 \times$ SCI发文量
　　$- 0.171 \times$ SSCI发文量 $+ 0.035 \times$ 国内核心期刊（北大核心）发文量
　　$+ 1.833 \times$ 国家自然科学基金数量 $- 0.753 \times$ 国家社会科学基金数量
　　$- 0.013 \times$ 一流学科数量 $+ 1.257 \times$ 高被引论文数量
　　$+ 0.256 \times$ 博士研究生导师数量 $- 0.01 \times$ 学士学位授予数
　　$- 0.024 \times$ 硕士学位授予数 $+ 0.704 \times$ 博士学位授予数

　　2. 非标准化公式

$y = -27\ 809.386 + 13.87 \times$ 年份 $- 0.005 \times$ 国内期刊论文总量 $+ 0.031 \times$ SCI发文量
　　$- 0.17 \times$ SSCI发文量 $+ 0.034 \times$ 国内核心期刊（北大核心）发文量
　　$+ 1.831 \times$ 国家自然科学基金数量 $- 0.756 \times$ 国家社会科学基金数量
　　$- 0.013 \times$ 一流学科数量 $+ 1.251 \times$ 高被引论文数量
　　$+ 0.256 \times$ 博士研究生导师数量 $- 0.01 \times$ 学士学位授予数
　　$- 0.024 \times$ 硕士学位授予数 $+ 0.704 \times$ 博士学位授予数

　　通过上述公式，可以发现，虽然理论上 LASSO 回归模型的系数可以提供一定的可解释性。但是，一些系数的正负号的含义并不直观。例如，SSCI 发文量和国家社会科学基金数量对博士研究生招生规模的影响均为负向的，看起来并不符合直观印象。我们猜想，出现这一结果的原因与我们选择的训练集有关。由于数据的限制，训练集中所包含高校主要是理工科院校，其 SSCI 发文量以及国家社会科学基金数量对其博士研究生招生规模可能影响不大。

　　另外，由于标准化公式和非标准化公式本身的差异并不大，因此，后文中，我们直接使用非标准化公式开展本章的预测工作。

8.4　预测结果分析

　　在本节中，我们将应用 8.3 节构建的 BP 神经网络模型和 LASSO 回归模型来对一些高校的博士研究生招生规模进行预测。首先，我们将说明选择代表性高校的基本依据。其次，针对各项指标的未来数据进行外推，我们使用了灰色预测模型 GM(1, 1)完成相关工作。最后，在此基础上，我们给出了这几所代表性大学在

2023 年至 2035 年间博士研究生招生规模的预测结果。

8.4.1　代表性高校选择依据

通过应用 BP 神经网络模型和 LASSO 回归模型，我们可以给出每一所高校的博士研究生招生规模预测结果。为了能够从中挖掘出更多的内涵，基于学校类型、所在地域的考虑，我们选择了四所具有一定代表性的学校进行分析和对比。这四所学校在后文中我们分别用 A、B、C、D 来表示。

这四所学校的基本情况以及选择它们的考虑介绍如下。

A 校位于华东地区，是一所综合性大学，位列"双一流"、"985 工程"和"211工程"高校，有相当数量的学科在国内处于前列。A 校是我们做选择的几所高校中综合性最强的一所大学，这是我们选择该校的最主要出发点。此外，我们还将 A 校作为中部地区高校的代表予以研究。

B 校位于华南地区，也是一所综合性大学，位列"双一流"、"985 工程"和"211 工程"高校。B 校部分学科在国内处于前列，拥有优秀的师资和科研实力。选择 B 校主要是将其作为中国南方地区高校的代表。

C 校则是北方一所以理工科为主的综合性大学，位列"双一流"、"985 工程"和"211 工程"高校。C 校的一些理工类学科在国内处于前列。C 校在本章研究中是中国北方高校的代表，同时也是理工类综合性大学的代表。

D 校位于华东地区，位列国家"双一流"、"985 工程"和"211 工程"高校。D 校的部分理工类学科在国内也处于前列。选择 D 校，主要是将其作为我国东部地区教育高地（江浙沪地区）的一所典型偏理工科的综合性大学予以分析。

基于高校类别、学科特性、地域位置等特征，我们将针对上述四所高校开展博士研究生招生规模预测。

8.4.2　各指标数据外推

为了对上述四所高校的博士研究生招生规模进行预测，我们首先需要对这四所高校的各项指标在 2023 年至 2035 年的数据进行预测。

经过对比常用的几类时间序列预测方法，我们选择了灰色预测模型 GM(1, 1)。主要的原因在于，我们能够采集到的数据在时间（年份）上的跨度比较有限，使用其他方法难以从时间维度上提炼出数据的特征。相对来说，GM(1, 1)模型更加适合数据相对有限的情况。

应用 GM(1, 1)模型对四所高校的各项指标进行外推预测，所得到的结果如下。

（1）国内期刊论文总量：从图 8.3 中可以发现，在 2023 年到 2035 年这段时间里，四所高校的国内期刊论文总量都呈现出一定的下降趋势，而且下降的数量与早期论文总量成正比，即早期国内期刊论文总量较多的高校在未来论文总量减少得越多。该情况可能与教育部倡导提高论文质量有关，论文发表"重数量轻质量"的状态正在得到改善，特别是当前论文总量更高的学校会更加在意对论文质量的评价。

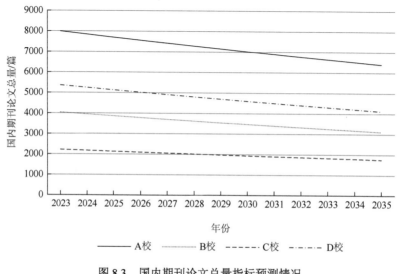

图 8.3 国内期刊论文总量指标预测情况

（2）SCI 发文量：根据图 8.4，可以发现，除 A 校以外，其余三所高校在该指标上都呈上升趋势，B 校上升趋势最快，其次是 D 校和 C 校。另外，B 校和 D 校的 SCI 发文量远远高于 A 校和 C 校。这也与现实情况相符，因为从目前的情况来看，B 校和 D 校的科研实力更强。

（3）SSCI 发文量：学校在该指标的发展趋势和 SCI 发文量相类似（图 8.5），除 A 校为下降趋势外，其余三所高校都是上升趋势。根据预测，B 校的 SSCI 发文量在未来一段时间将有明显的提升，D 校和 C 校增长幅度相对较小。两个类似的指标中 A 校都呈下降趋势，可能需要学校管理者深入分析一下潜在的原因，是否在科研方面投入不足。

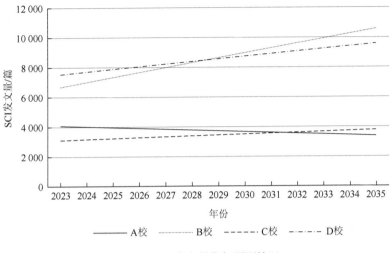

图 8.4　SCI 发文量指标预测情况

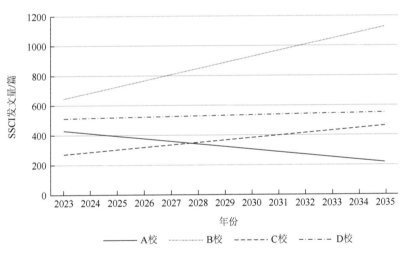

图 8.5　SSCI 发文量指标预测情况

（4）国内核心期刊（北大核心）发文量：图 8.6 呈现出四所高校近似平行的下降趋势。这一状况与国内期刊发文量情况类似（图 8.3）。我们猜想，原因可能也是受到教育部重视论文质量的影响，使得未来发文量指标有所下降。

（5）高被引论文数量：图 8.7 显示，除 C 校呈现波动外，其余三所高校均呈现明显的上升趋势。其中，A 校上升最快，在 2035 年将突破 2000 篇。B 校和 D 校发展趋势近似相同。C 校的数据波动很大，可能与过往数据呈现波动性有关，从而影响了时间序列方法下的预测结果。

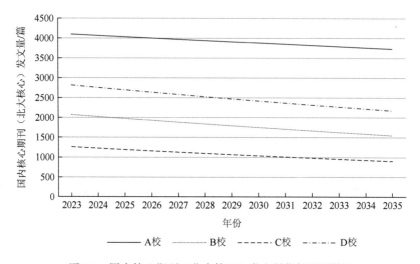

图 8.6　国内核心期刊（北大核心）发文量指标预测情况

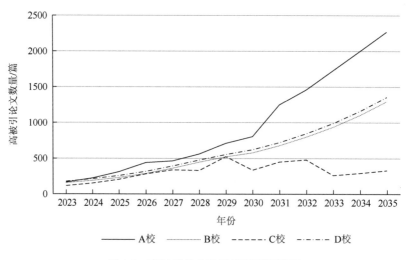

图 8.7　高被引论文数量指标预测情况

（6）国家社会科学基金数量：图 8.8 显示，四所高校均在相对较低的数量水平上呈现类似的上升趋势。国家社会科学基金相对于国家自然科学基金来说，申请难度略大，获批基金数量相对也较低。但在未来各大学的国家社会科学基金项目数量发展趋势相对较好，尤其是 B 校增长趋势较快，有望突破 100 个。

（7）国家自然科学基金数量：从图 8.9 中，我们可以发现，该指标的数量水平相对国家社会科学基金来说，高出一个数量级。四所高校在预测趋势下同步上升，其中以 D 校为"领头羊"，其国家自然科学基金数量在未来将超过 1000 个。C 校在两类基金项目上的数量都处于较低水平，但是处于上升趋势。

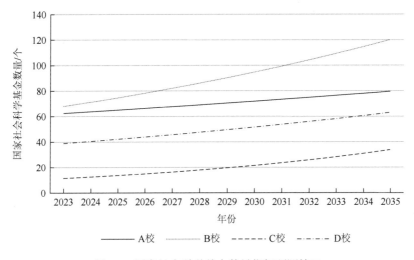

图 8.8　国家社会科学基金数量指标预测情况

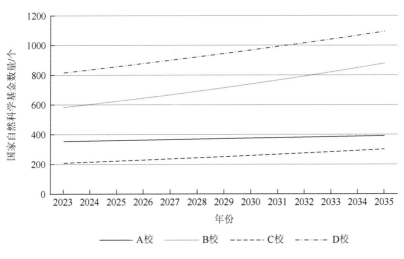

图 8.9　国家自然科学基金数量指标预测情况

（8）学士学位授予数：图 8.10 告诉我们，除 A 校外，其余三所高校的学士学位授予数量都处在上升通道中。B 校数量最多，C 校和 D 校处于相同水平。可能受到历史数据影响，A 校在未来学士学位授予数量会出现一定的下降，可能与现实情况存在一定的偏差。这是应用时间序列预测方法时可能会存在的一个潜在缺陷。

（9）硕士学位授予数：图 8.11 中的预测结果显示，除 A 校在未来呈现下降趋势外，其余三所高校均呈现上升趋势。在初期，A 校、B 校、D 校的硕士学位授予数量相似，但是在预测后期，由于 A 校预测数据的缩减，C 校将赶超 A 校并接近 B 校和 D 校的水平。

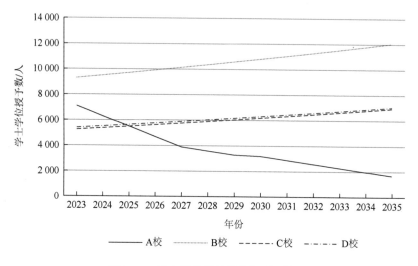

图 8.10　学士学位授予数指标预测情况

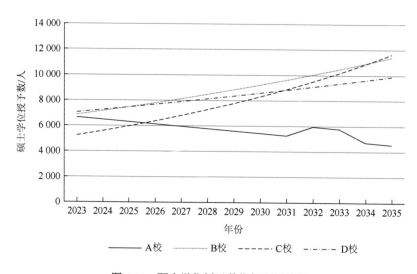

图 8.11　硕士学位授予数指标预测情况

（10）博士学位授予数：图 8.12 的结果显示，四所高校在未来均表现为博士学位授予数量不断上升，并存在相似的上升趋势。更具体地，D 校一直处于领先地位，而 C 校的博士研究生学位授予数量始终落后。

此外，对于一流学科数量和博士研究生导师数量两个指标，我们在研究中未采用 GM(1, 1)模型进行外推，而是直接使用了当前数据。主要的考虑是，这两个指标受政策等外部因素影响较大，在时间维度上很难呈现出明显的趋势性。同时，我们经过试算，发现使用当前数据或者其他数据对预测结果的影响不大。

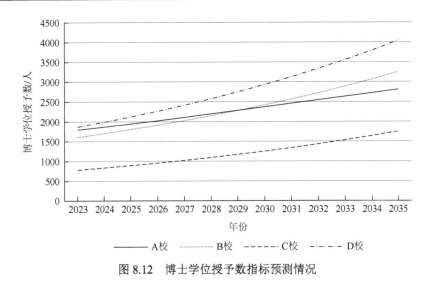

图 8.12　博士学位授予数指标预测情况

8.4.3　博士研究生招生规模预测结果对比

基于 8.3 节构建的 BP 神经网络模型和 LASSO 回归模型以及外推数据，我们对这四所代表性高校在 2023 年至 2035 年的博士研究生招生规模进行了预测，两种模型的预测结果对比如图 8.13 至图 8.16 所示。

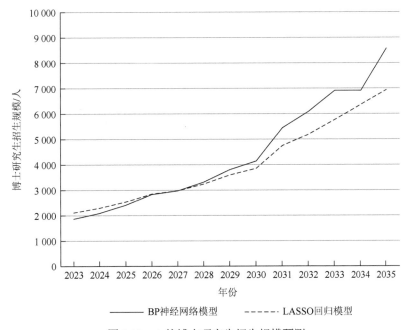

图 8.13　A 校博士研究生招生规模预测

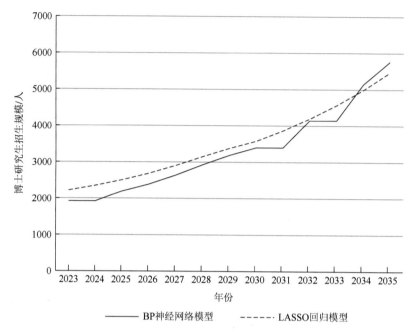

图 8.14　B 校博士研究生招生规模预测

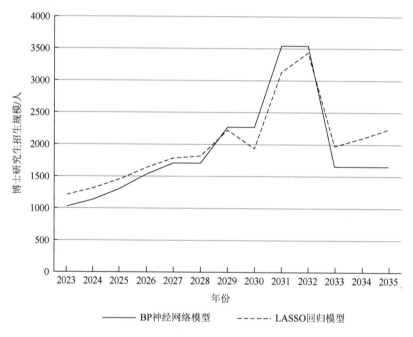

图 8.15　C 校博士研究生招生规模预测

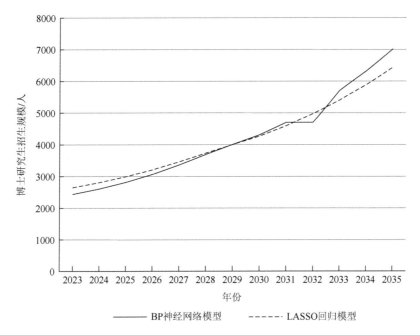

图 8.16　D 校博士研究生招生规模预测

根据这四所代表性高校在 2023 年至 2035 年的预测结果，我们发现，BP 神经网络模型和 LASSO 回归模型的预测结果在整体趋势上具有相似性，但在细节处略有不同。除了 C 校，可以发现，BP 神经网络模型的预测结果在前期数值略低于 LASSO 回归模型，但增长速度较快，因此，BP 神经网络模型在预测末期数值则略高于 LASSO 回归模型。我们认为，潜在的原因可能是，LASSO 回归模型属于线性回归模型，而 BP 神经网络模型属于非线性模型。因此，LASSO 回归模型的增长趋势和 BP 神经网络模型相比，其模式会更加接近线性增长的情况。

具体到四所代表性高校的预测结果，我们还有如下结论。

第一，A 校、B 校、D 校的博士研究生招生规模在两种预测模型之下均呈现出上升的发展态势，每年的绝对值增加 100 人到 600 人不等。C 校则在 2028 年、2030 年、2033 年出现了下降趋势（在两种预测模型下结果类似），主要原因为：C 校高被引论文数量指标在这三年均出现下降，尤其是 2030 年和 2033 年，高被引论文数量预测大幅度下降。这应该与 C 校该指标的历史数据波动情况有关。我们无法针对这种波动给出具体的原因，但猜想也许是因为 C 校对其研究方向进行调整，或者校内的评价指向发生了变化，这些情况都可能影响高被引论文的数量。需要特别指出的是，这里的博士研究生招生规模预测结果只是历史变化趋势在未来的一种合理推测，实际结果可能受未来多种因素的影响而有所差异。

第二，对比两所博士研究生招生规模增速最快的大学，即 A 校和 D 校，其博士研究生招生规模明显上升。聚焦于每一年的各项指标变化可以发现，A 校在国内期刊论文总量、国内核心期刊（北大核心）发文量、高被引论文数量、国家社会科学基金数量四项指标上优于 D 校，在其余指标上并不占优势，但是差距并未显著拉大。因此，可以推测上述四项指标在 BP 神经网络模型的预测逻辑中贡献度较大，在很大程度上影响了博士研究生招生规模的预测结果。

第三，根据 BP 神经网络模型和 LASSO 回归模型预测的相似性，我们推断随着未来各高校在教育领域投入的不断扩大，各高校博士研究生招生规模将不断增加。借用本章研究模型通过历史数据和趋势预测未来博士研究生招生规模的变化趋势，可以得出结论：如果政策环境保持稳定，预测结果可以为高校博士研究生招生规模提供一定的参考，帮助高校更好地规划博士研究生的招生和培养工作。例如，如果模型预测未来博士研究生招生规模将继续增加，高校就可以加大招生力度并提高招生标准以满足未来需求。反之，如果政策变化导致博士研究生招生规模的评估标准发生变化，可能会对博士研究生的招生造成影响，进而影响博士研究生招生的实际表现。

8.5　结　　论

本章针对具体高校的博士研究生招生规模展开了预测，分别构建了 BP 神经网络模型和 LASSO 回归模型，在应用灰色预测模型 GM(1,1)对指标数据进行外推的基础上，给出了四所代表性高校在 2023 年至 2035 年的博士研究生招生规模预测结果。两种不同的预测模型给出的预测结果比较类似，说明结果具有一定的合理性。

当然，本章中所提供的预测模型在具有良好预测效果的同时也具有一定的局限性。BP 神经网络模型的最大局限在于内部机理近似于一个黑箱，无法解释哪些指标对预测结果有重要的影响；同时，BP 神经网络模型还需要有较大的数据集进行训练，而本章能够采集到的数据比较有限。LASSO 回归模型理论上能够通过筛选自变量降低共线性的影响，但是我们给出的模型并未排除任何自变量，因此，可能仍然会存在共线性的影响，拟合效果也有待提升。针对本章的研究对象，后续应考虑开发更加适合研究生教育发展预测的小样本机器学习模型，以得到更加客观、合理的预测结果。

系统梳理本章的研究结果，我们还有如下政策建议。

1. 针对宏观层面的教育决策者

宏观层面的教育政策对高校的博士研究生招生规模预测结果会产生如下重要且直接的影响。

如果政策环境保持平稳，或者采取积极手段，按照乐观的预测结果，各高校博士研究生招生规模进一步扩大，且其增幅有可能逐年递增。但是数量并不代表质量，大幅递增的发展方式是否符合中国未来的国家发展路径，还需要宏观层面的教育决策者进行判断。

如果政策环境趋于保守，或者采取抑制过高的指标数据的相应措施，如更重视论文发表质量、人才培养质量等，在未来论文发表难度、学科建设难度以及博士研究生导师申请难度将会大大提升。进而，各高校博士研究生招生规模将保持不变或有所下降，需要高校采取相应的对策。虽然本章的研究工作并未纳入情景规划，但我们预期，政策的收紧很可能会对各个高校的博士研究生培养规模产生较大的影响。

当下，正值第二个百年奋斗目标到来之际。在党的二十大报告中，习近平总书记提出"全面建设社会主义现代化国家、全面推进中华民族伟大复兴"[①]。从教育领域来看，选择"量变产生质变"还是"轻数量重质量"的教育发展政策是一个重要的抉择。我们的教育政策应适合中国的发展趋势，不仅需要教育决策者统筹考虑全国发展趋势，还需要关注国际学术发展水平。从本章的研究看来，SCI和 SSCI 期刊论文在一段时间内仍能代表学术研究能力的前沿水平，相关期刊论文发文量仍然是高校科研能力的重要衡量指标。

2. 针对学校层面的教育管理者

通过本章的研究，我们认为，博士研究生导师和高校学术成果是影响博士研究生招生规模尤为重要的两项因素。

博士研究生导师是博士研究生培养中的重要指导者和支持者，其数量多少直接关系到高校博士研究生培养质量和规模。应不断加大对博士研究生导师的培养力度，提高博士研究生导师的专业水平和能力，提高其对博士研究生的指导质量和效果；加强对优秀学者的人才引进，扩大导师队伍，提高导师的数量和水平，为博士研究生提供更加丰富和高质量的指导与支持；加强博士研究生与导师之间的交流和互动，建立良好的师生关系，鼓励导师和博士研究生共同参与科研项目和学术活动，提高博士研究生的学术水平和实践能力；加强对导师的评价和监督，建立健全的导师考核机制，保障博士研究生权益，提高博士研究生培养质量和效果。

此外，高水平的学术研究成果不仅可以提升高校的学术影响力，也可以为博士研究生的学术研究提供支持和引导，从而提升学校的博士研究生招生规模。这

---

① 引自 2022 年 10 月 26 日《人民日报》第 1 版的文章：《高举中国特色社会主义伟大旗帜 为全面建设社会主义现代化国家而团结奋斗》。

就需要高校在教师和学生培养、科研经费和学术交流等方面进行全面的、系统的改进，提升高校的学术实力和竞争力。例如，鼓励教师积极参与高水平科研工作，加强科研经费投入，提升科研水平和质量，增加高水平学术论文的发表数量；加强教师的学术交流和合作，促进校内教师之间的学术合作，拓宽高校的国际学术合作渠道，提高国际影响力；鼓励博士研究生积极发表高水平学术论文，并为其提供相应的学术支持和指导。

第9章 本书结论

本书针对在数智时代的背景之下如何做好研究生教育发展预测进行了系统的思考和实践。围绕数智时代在数据和预测方法上的新特征，我们归纳了研究生教育发展预测中涉及的多源多层次数据，给出了多方法融合的预测手段，并通过四个具体的案例进行了应用。

通过本书的研究工作，我们从理论探索和实践应用角度得到了一些比较重要的结论，同时也对未来研究生教育发展预测工作形成了一些思考。

9.1 主 要 贡 献

本书所研究的研究生教育发展预测问题，本身并不是新问题。但是，在数智时代，研究生教育发展预测面临着新的挑战。从预测工作所使用的数据来看，数智时代为研究生教育发展预测提供了更加多样的数据来源，同时数据的层次也更加丰富。从预测方法上来看，时间序列预测方法已经不足以分析复杂情景下各种因素对预测对象的影响，以机器学习为主的多方法融合预测将逐渐成为主流。

针对数智时代研究生发展预测中的这些新挑战，本书最重要的贡献就是构建了一套相对完整的研究生教育发展预测研究体系，从数据的采集与融合、预测方法选择与融合方面提出了新的观点，并通过几个典型的研究生教育发展预测问题进行了实践，给出了相应的预测结果和政策建议。

更具体地，本书的主要贡献包括以下几个方面。

第一，梳理了数智时代研究生教育发展预测工作中数据的主要特征。

在数智时代开展研究生教育发展预测工作，与过往的研究工作相比，一个基础性的差异在于研究中所能够获得的数据极大丰富。在本书中，我们系统梳理了研究数据的多个潜在来源，指出了数智时代研究数据所具有的多层次性特征。通过对比不同数据来源以及不同数据层次间存在的差异，指出了在研究中应注意的问题。此外，我们还针对本书研究中使用到的数据，讨论了数据清洗与融合的主要手段。这些内容为数智时代的研究生教育发展预测工作在数据采集和整理方面提供了重要指引。

第二，提出了数智时代研究生教育发展预测的多方法融合预测思想。

近年来，已经有越来越多的研究生教育发展预测研究工作开始采用更加丰富多样的预测方法。这一趋势是对数智时代研究数据体现出的新特征的积极回应。本书在讨论时间序列预测方法和机器学习预测方法在研究生教育发展预测研究中的适用性的基础上，提出可以将情景规划和文本分析两类工具作为预测工作的有力补充，并基于我们的研究经验系统提供了融合不同预测方法的思想和手段。这些内容能够为数智时代的研究生教育发展预测工作提供直接的方法论指导和具体操作手段。

第三，通过典型案例，验证了多源多层次数据和多方法融合预测在研究生教育发展预测中的可行性。

基于在研究数据和预测方法层面的探索，本书选择了两类研究生教育发展预测中的典型问题对数据采集与融合、多方法融合预测进行了验证。通过系统地研究，我们认为，尽管在研究数据采集过程中仍然面临着一些挑战，但本书分析的研究数据特征整体成立。同时，研究过程及结果也说明了本书所提出的多方法融合预测具有较强的可行性，给出的预测结果能够较好地解决具体的预测问题，并提供相应的政策建议。因此，本书所提供的研究思路和方法是可以落地的，为数智时代的研究生教育发展预测工作提供了有益的借鉴。

第四，系统预测了未来一段时间国内高校建设世界一流大学的成果和成效。

本书涉及的一类研究生教育发展预测研究是针对国内高校建设世界一流大学的成果和成效开展的。通过从多个数据来源采集不同层次的数据，本书应用时间序列预测方法、机器学习预测方法对未来一段时间内中国建成世界一流大学的数量和具体高校能否进入世界一流大学行列进行了预测。同时，研究中还引入了情景规划方法分析极端情况与预测结果的影响，应用文本分析确认预测对象的主要影响指标，极大丰富了预测研究手段。研究结果可以为国家层面的教育决策者提供成效评估、资源配置的依据，也可以为高校层面的决策者促进学校的"双一流"建设提供参考。

第五，系统预测了未来一段时间国内博士研究生的招生规模。

本书涉及的另一类研究生教育发展预测研究是针对博士研究生招生规模的。我们从国家/省份和高校两个不同层面展开研究，采集了多个来源不同层次的数据，应用多种机器学习预测方法对未来一段时间内的博士研究生招生规模进行了预测及对比，并结合情景规划思想分析了一些重要指标发生变化的影响。相关的研究结论可以帮助国家/省份层面的教育决策者更加合理地配置博士研究生招生指标，也能使高校层面的管理者提前做好一些重要的规划决策。

9.2 研究中存在的局限

本书的研究虽然形成了一个相对完整的预测研究体系，也通过案例对其进行了验证。但是，在研究过程中，我们也发现了一些问题，这些问题影响了本书研究工作取得更加深入和有价值的成果。

首先，数据的获取仍然面临着比较大的挑战。

我们在前文中曾经总结道，数智时代的一个重要特征是数据变得更加丰富，且相对易于获取。然而，在开展研究工作的过程中，我们发现教育领域的数据采集依然存在着很多困难。

一方面，数据孤岛的情况普遍存在。在开展微观层面的研究工作时，获取各个高校的数据是很大的挑战。每个学校都掌握着自身的大量数据，但是由于各种各样的原因，这些数据通常不会公开。上级主管部门虽然可能要求高校上报一些数据，但完整度通常不高；而不同的上级部门之间的数据也没有打通。当然，一些商业数据机构掌握了一批高校层面的数据，但获取这些数据需要付出一定的费用，对于一些研究者来说不是一个可行的选择。

另一方面，数据融合仍然比较有限。在研究过程中，我们能够通过不同的数据来源获取同一高校的同类数据。此时，面临的主要问题在于，不同数据来源提供的数据在统计口径上可能存在差异，因此，我们需要完成大量的数据关联融合工作。背后的原因，主要在于国内目前对于教育领域的数据还缺乏统一的数据标准和接口。

总的来看，数据获取方面的问题导致了在研究中，我们无法使用一些可能更具重要意义的数据，也就使得研究结果的可靠性和合理性受到了一定的影响。

其次，主要研究方法的应用以成熟的机器学习方法为主，缺少为研究生教育发展预测问题开发新的专门方法。

受到自身研究水平的限制，我们在本书中应用的都是成熟的机器学习方法和工具。这可能会给研究结果带来一定的限制。

一方面，机器学习方法的发展日新月异。就在撰写本书的过程中，ChatGPT展示了机器学习领域的最新研究成果，让我们看到了生成式模型的巨大潜力。受精力所限，我们无法及时跟踪机器学习领域的最新研究成果，并将其应用到本书的研究工作中。

另一方面，研究生教育发展预测问题具有一定的特殊性。至少从目前的情况看，其数据采集存在较大的困难，数据量本身也不算很大。因此，很多需要大量数据进行训练的机器学习方法通常不太适用。但受水平限制，本书在研究中没有能够针对研究生教育发展预测问题开发出一些有针对性的改进模型。这可能是本书在研究过程中的最大遗憾。我们相信，如果能够有一些专门的方法和工具，应该可以获得更有价值的研究成果。

最后，受时间和精力所限，对作为案例的两类研究生教育发展预测问题的研究还不够深入。

在策划本书的具体预测研究对象时，我们希望选择研究生教育发展预测中的一些典型问题开展研究。经过项目组内部研讨，我们确定了关于世界一流大学建设和博士研究生招生规模的预测研究方向。

但是，在研究进展的过程中，我们发现，如果希望得到一些更有价值、更有深度的成果，其实需要更大的工作量。比如，如果能够对国内的高校进行适当分类，按类别去分析其进入世界一流大学行列的时间和相应特征，所得到的成果不管对于更高层面的教育决策者，还是对高校的管理层来说，都有更加重要的意义。很遗憾我们现在只是选择了个别省份和高校进行分析，所得到的结论虽有代表性，但同时也有一定的局限性。

9.3　展　　望

数智时代的研究生教育发展预测问题，不管是对于国家/省份层面的教育决策者，还是高校层面的管理者，都是非常重要的问题。我们认为，为了更好地通过研究生教育发展预测为研究生教育管理决策提供支持，还应在以下三个方面加以努力。

第一，从顶层开始做好数据规划和采集整理工作。

近年来，国家格外关注各个领域的数字化建设。2023 年 2 月底，中共中央、国务院印发了《数字中国建设整体布局规划》。2023 年 3 月召开的全国两会上公布的国务院机构改革方案中，也包含了组建国家数据局的计划。国内各个领域的数字化建设都在如火如荼地进行中。

我们认为，教育领域关于数字化建设特别是有关数据采集和整理的顶层规划，是格外重要的。制定全国层面各类学校的数据标准和数据采集规范，能够为开展数据驱动的教育研究工作带来极大的便利。同时，这些数据资产也必然能够为国家的决策提供丰富的价值。

第二，开发适合研究生教育发展预测的专门方法。

目前，机器学习方法在很多领域已经被广泛采用，成为驱动部分行业快速发展的新的原动力。很多学者和企业都投身于这一大潮中，针对不同行业的具体情景、具体问题开发了很多有针对性的方法和工具。但是，在研究生教育发展预测领域，乃至整个教育管理领域，人工智能、云计算等新兴技术虽然已经开始发挥作用，但学者和研究机构的投入仍然不够。

展望未来，我们希望能够有更多的学者、研究机构、企业投入到教育领域当中，开发有针对性的机器学习方法。特别是像本书所关注的研究生教育发展预测问题，其预测结果的输出对于后续的一系列重大决策有直接影响，所以预测的准确与否至关重要。

虽然我们的研究水平还有待进一步提升,对于机器学习的理解仍然不够深入,但我们也会积极尝试投入到其中,通过开发针对研究生教育发展预测的专门方法来提供更有价值的研究成果。

第三,建立使用定量预测结果指导教育管理决策的体制机制。

在不同领域的管理决策中,预测结果都是非常重要的输入。因此,有必要建立以预测结果指导管理决策的体制机制。例如,在企业的日常运作管理中,需求预测的结果是一系列生产和采购决策的重要输入。如何判断需求预测结果的质量、如何将需求预测应用到各类决策中,已有了非常丰富的研究成果,这些结论也为很多企业所认可。

在研究生教育管理领域,这些预测结果,特别是一些采用新的研究手段(如机器学习方法)所获得的结果,如何得到充分的认可,并被应用到教育管理决策中,可能还需要一些有益的探索。

这并不是本书的研究工作所能够回答的问题,但希望通过我们的研究,体现出定量化的研究生教育发展预测结果的重要价值,为后续在体制机制方面的探索提供一定的借鉴。

参 考 文 献

班文静，姜强，赵蔚. 2022. 基于多算法融合的在线学习成绩精准预测研究. 现代远距离教育，（3）：37-45.

常若菲，杨卫. 2021. 中国 40 年研究生教育的规模与学科演化的动力学模拟. 学位与研究生教育，（11）：1-7.

陈宁，朱美琪，余珍文. 2005. 基于对数二次指数平滑的港口吞吐量预测. 武汉理工大学学报，27（9）：77-79.

陈振宇，刘金波，李晨，等. 2020. 基于 LSTM 与 XGBoost 组合模型的超短期电力负荷预测. 电网技术，44（2）：614-620.

崔静静，胡泽文，任萍. 2022. 基于决策树和逻辑回归模型的人工智能领域潜在"精品"论文识别研究. 情报科学，40（5）：90-96.

邓宗勇. 2019. 现代教育技术：走向信息化教育. 北京：北京教育出版社.

董业军. 2012. 我国地方高校招生计划地区分配模型指标体系研究. 华东师范大学学报（教育科学版），30（4）：31-36.

冯翔. 2023. 互联网前的互联网//张立宪. 读库 2301. 北京：新星出版社：193-206.

何长虹，申世飞，黄全义. 2012. 普通高等学校招生规模的预测方法. 清华大学学报（自然科学版），52（1）：87-91.

胡航，杜爽，梁佳柔，等. 2021. 学习绩效预测模型构建：源于学习行为大数据分析. 中国远程教育，（4）：8-20，76.

胡华. 2020. 世界大学排名视域下我国世界一流大学建设路径研究：基于 ARWU、QS、THE 世界大学排名. 郑州：郑州大学.

李晖，陈锡康. 2013. 基于人口投入产出模型的中国人口结构预测及分析. 管理评论，25（2）：29-34.

李恪. 2021. 超文本和超链接. 北京：新星出版社.

李昆奇，毛国育. 2022. 基于功能定位的高校评价指标体系构建研究：以 S 高校为例. 商业会计，（9）：79-84.

刘宝宝，杨菁菁，陶露，等. 2022. 基于 DE-LSTM 模型的教育统计数据预测研究. 计算机科学，49（S1）：261-266.

刘秉镰，杨明. 2009. 城市物流园区需求预测的系统动力学模型构建. 城市交通，7（5）：21-26.

刘静. 2022. "双一流"建设动态监测研究：基于首期世界一流大学建设高校. 中国高校科技，（4）：6-11.

罗杨洋，韩锡斌. 2021. 基于增量学习算法的混合课程学生成绩预测模型研究. 电化教育研究，42（7）：83-90.

马晓珂，王慈光. 2005. 三次指数平滑法在大秦铁路运量预测中的应用. 华东交通大学学报，

22（3）：8-11.

迈尔-舍恩伯格 V，库克耶 K. 2013. 大数据时代. 周涛，等译. 杭州：浙江人民出版社.

门玉明，胡高社，刘玉海. 1997. 指数平滑法及其在滑坡预报中的应用. 水文地质工程地质，（1）：16-18.

闵惜琳. 2005. 基于灰色预测模型 GM(1,1) 的人才需求分析. 科技管理研究，25（6）：72-74，77.

宁虹. 1989. 教育预测学. 沈阳：辽宁教育出版社.

任静，季民，陈兆宁. 2020. 杭州市人才需求分析与预测：基于 GM(1,1) 和 ARIMA 模型. 现代信息科技，4（4）：9-13，16.

史建楠，邹俊忠，张见，等. 2020. 基于 DMD-LSTM 模型的股票价格时间序列预测研究. 计算机应用研究，37（3）：662-666.

孙梦洁，陈宝峰，温春卉，等. 2010. 基于 ARIMA 模型的研究生招生规模建模与预测. 统计与决策，（12）：60-62.

万力勇. 2022. 算法时代的教育预测及其研究范式转变. 远程教育杂志，40（3）：35-44.

汪鹏，彭颖，杨小兵. 2018. ARIMA 模型与 Holt-Winters 指数平滑模型在武汉市流感样病例预测中的应用. 现代预防医学，45（3）：385-389.

王传毅，辜刘建，李福林，等. 2021. 中国"十四五"教育规模的预测研究：基于系统动力学模型. 中国电化教育，（5）：39-48.

王春晖. 2016. 高校非财务指标对财务指标的影响研究：基于高校功能定位视角. 会计之友，（23）：92-96.

王迪，向欣，时如义，等. 2017. 中国煤炭产能系统动力学预测与调控潜力分析. 系统工程理论与实践，37（5）：1210-1218.

王惠兰. 1999. 陈锡康：预测粮食产量第一人. 科学新闻，（19）：23.

王磊. 2014. 基于投入产出模型的天津市碳排放预测研究. 生态经济，30（1）：52-56.

王梅，张增. 2020. 教育资源供给如何驱动美国博士授予规模扩张：基于系统动力学模型的仿真分析. 研究生教育研究，（5）：81-90.

王昕，程小雯，房师松，等. 2011. 指数平滑模型在流感样病例预测中的应用. 中国热带医学，11（8）：938-939.

吴潇雨，和敬涵，张沛，等. 2015. 基于灰色投影改进随机森林算法的电力系统短期负荷预测. 电力系统自动化，39（12）：50-55.

徐峰，汪洋，杜娟，等. 2011. 基于时间序列分析的滑坡位移预测模型研究. 岩石力学与工程学报，30（4）：746-751.

薛耀锋，杨棋雯，顾小清. 2016. 义务教育年限延长的模拟研究：学龄人口预测视角. 中国电化教育，（3）：21-26.

严婧，杨北方. 2017. 指数平滑法与 ARIMA 模型在湖北省丙型病毒性肝炎发病预测中的应用. 中国疫苗和免疫，23（3）：292-297.

严阅，陈瑜，刘可偶，等. 2020. 基于一类时滞动力学系统对新型冠状病毒肺炎疫情的建模与预测. 中国科学：数学，50（3）：385-392.

阎耀军. 2005. 社会预测学基本原理. 北京：社会科学文献出版社.

阳立高，贺正楚，韩峰. 2013. 湖南省战略性新兴产业人才需求预测及对策. 中国科技论坛，（11）：85-91.

杨文正，熊才平，江星玲. 2013. 优质教育信息资源配置机制的系统动力学仿真. 中国电化教育，（2）：57-65.

易梦春. 2016. 我国高等教育普及化进程及其影响因素：基于时间序列趋势外推模型的预测. 中国高教研究，（3）：47-55.

于清涟. 1990. 教育预测学. 长春：东北师范大学出版社.

于卓熙，秦璐，赵志文，等. 2018. 基于主成分分析与广义回归神经网络的股票价格预测. 统计与决策，34（18）：168-171.

张品一，罗春燕，梁锶. 2018. 基于 GA-BP 神经网络模型的黄金价格仿真预测. 统计与决策，34（17）：158-161.

张微. 2022. 我国博士生招生资源差异化配置研究. 北京：北京理工大学.

张雯鑫，唐玉生，管兴华，等. 2016. 基于灰色预测模型和聚类分析的高校招生计划优化方案研究. 西北工业大学学报（社会科学版），36（1）：96-100，112.

周伯民，管晓宏，孙婕，等. 2002. 基于神经网络的电力系统短期负荷预测研究. 电网技术，26（2）：10-13，18.

周光礼，蔡三发，徐贤春，等. 2019. 世界一流大学的建设与评价：国际经验与中国探索. 中国高教研究，（9）：22-28，34.

周志华. 2016. 机器学习. 北京：清华大学出版社.

朱文佳，朱莉. 2019. 基于时间序列分析法的 ESI 前 1%学科入围时间预测模型. 情报理论与实践，42（10）：137-145.

朱治亚. 2019. 世界一流大学的主要特征及其启示：基于 2017—2018 年 QS、THE 大学排行榜的分析. 浙江师范大学学报（社会科学版），44（3）：113-118.

Agrawal R，Srikant R. 1994. Fast algorithms for mining association rules in large databases. San Francisco：Morgan Kaufmann：487-499.

Amer M，Daim T U，Jetter A. 2013. A review of scenario planning. Futures，46：23-40.

Hornik K，Stinchcombe M，White H. 1989. Multilayer feedforward networks are universal approximators. Neural Networks，2（5）：359-366.

Kahn H，Wiener A J. 1967. The Year 2000：A Framework for Speculation on the Next Thirty-Three Years. New York：The Macmillan.

后　记

作为一个从管理科学领域跨界到教育学领域的初来者，能够有机会参与到国家自然科学基金重点项目"'互联网＋'时代研究生教育管理变革与创新研究"并完成这样一部专著，我感到万分荣幸。在项目负责人王战军教授的悉心指导下，本书确定了以研究生教育发展预测为主要研究对象，将管理科学领域的预测思想和方法迁移到教育学领域中，进行了一些初步的尝试，也取得了一些成果。

《数智时代研究生教育发展预测》在数智时代大背景下，凝练了研究生教育发展预测的多源多层次数据特征，提出了多方法融合预测的研究思想，并通过四个案例进行了预测方法的验证，在研究过程中尽量确保了方法的规范性、合理性、可行性。在研究过程中，我的学生张子仪、杨璐与张文垠提供了重要协助，完成了数据采集与整理、部分模型的建模分析工作。此外，教育部学位与研究生教育发展中心信息处、北京理工大学研究生教育研究中心为本书的研究工作提供了大量数据。

本书在策划、写作过程中还得到了瞿振元教授、秦惠民教授、周海涛教授、冉伦教授、周学军副研究员、乔伟峰副研究员、李明磊副研究员等老师的支持和帮助，深表感谢！书中引用了大量的文献与资料，已进行标识，同时感谢这些带给我们参考和启示的所有参考文献的作者！本书的出版还得到了科学出版社马跃分社长等同志的指导与支持，在此一并表示衷心的感谢！

数智时代研究生教育发展预测研究工作才刚刚起步。由于我本人在水平、精力上的限制，本书的研究工作还存在一些不足之处，部分预测方法和结论仍需要进一步验证；同时，针对研究生教育发展预测的专门的机器学习方法也有待开发。谨以此书的面世作为共同研究、共同探讨的起点，不足之处恳请各位专家、学者、读者给予批评指正，我们将在今后的研究工作中继续完善。